AF357134

De Paris à Pékin en 24 Jours

OU

Voyage extraordinaire en Auto-canot-aérien

PIÈCE EN SEPT ACTES ET NEUF TABLEAUX

par Th. G. SOURDILLE

A E. COMBES, cordialement
Th. G. S.

Th. G. SOURDILLE
Photo Midget

PERSONNAGES

Raoul de SOLANGE . . . . 32 ans	LECOUVREUR, chauffeur . . . . 29 ans
Numa BRIANON . . . . . . paraissant 65 —	Mister John KINGSTON, anglais . . . . 47 —
Mlle Lucie MARMONTEIL . . . . 18 —	La Comtesse de STROZZINI . . . . . . 40 —
Onésime CHAMEAU, domestique . . . . 24 —	Gontran BELGRADE . . . . 20 —

CORA, danseuse de l'Opéra — Un interprète turc — Un cadi — MATHURIN, matelot français — Un juif arménien
Un paysan russe — Le pope ISRASTZOFF — YUEN-HUI-CHANG, général boxer
Les consuls français, anglais, russe et un ministre — Un chef chinois — Le père LAGLOIRE

BIBLIOTHÈQUE DE L'ALLIANCE SCIENTIFIQUE

CHEZ L'AUTEUR, 18, BOULEVARD SAINT-GERMAIN

PARIS

—

De Paris à Pékin en 24 jours, ou Voyage extraordinaire en auto-canot aérien, en 7 actes et 9 tableaux, est tiré du roman du même nom qui vient de paraître.

Cette pièce est loin d'être banale; au contraire, elle est d'une bonne, conception, pétrie de fines réparties franches et naturelles, d'un entrain jovial, de pensées sereines et d'une saine morale.

L'auteur nous fait assister au voyage qu'entreprend Raoul de Solange, un sportsman, avec l'auto-canot aérien de son invention, à travers l'Europe et l'Asie, accompagné de sa fiancée Lucie Marmonteil et du grand-père de celle-ci, un vieux professeur de philosophie du nom de Numa Brianon. Nos voyageurs ont, comme chauffeur, un faubourien de Paris aux idées socialistes avancées, esprit gouailleur mais bon enfant; et, comme domestique, un campagnard bon garçon et crédule à l'excès, du nom de Onésime Chameau.

Dans le cours de leur voyage, à Venise, ils rencontrent le jeune dandy Gontran Belgrade chez la comtesse de Strozzini, et la danseuse de l'Opéra, Cora, au bal costumé donné au château des comtes, laquelle fut cause, à la fin du bal, d'une scène émouvante entre Lucie et de Solange. A Constantinople, une scène drôlatique se passe chez le cadi, où le chauffeur et le domestique sont détenus par la police, ainsi que mister John Kingston, un Anglais, qui fait œuvre de propagandiste pour l'Armée du Salut, lequel, par la suite, fait la route avec nos voyageurs jusqu'à Pékin. A Tachkent (Turkestan russe) ils arrivent, à l'orée d'un bois, au milieu des réjouissances d'une noce de paysans russes, où ils sont invités par les convives. Arrivés à la ville de Kalgan (Chine), ils tombent en pleine insurrection boxer; là, ils sont sur le point d'être mis à mort; mais, grâce aux stratagèmes employés par Lecouvreur, Chameau et mister Kingston, et après une série d'incidents dramatiques et tragiques, ils en réchappent. Enfin, à Pékin, après un dialogue entièrement composé de proverbes, qui est soutenu entre le père Lagloire, Lecouvreur et Chameau, nos voyageurs assistent à la fête du 14 Juillet, donnée par la colonie française, où d'enthousiastes et patriotiques discours sont prononcés et suivis de réjouissances en cette occasion.

En somme, l'idée de cette œuvre originale, pleine d'actualités, a été conçue par l'auteur à propos du fameux « raid » de Paris à Pékin en automobile, lancé par le journal *Le Matin* et agrémenté, pour la circonstance, de péripéties pleines de vie et d'humour bien français, entremêlée d'incidents parfois dramatiques et émouvants où respirent de nobles sentiments.

R. B.

BERNARD GRASSET, Éditeur, 7, rue Corneille, Paris.

VIENT DE PARAITRE

TH. G. SOURDILLE

De Paris à Pékin en 24 Jours

Illustrations de L. CHAMBON

1 volume sur papier du Japon à **20** fr. | 1 volume sur papier vergé à **3** fr. **50**

(in-16 double couronne, broché)

Dans cet intéressant roman d'actualités où sont développées certaines questions scientifiques et philosophiques d'une haute portée, l'auteur a su mêler à une action romanesque des plus attrayantes des inventions hors de pair dans le domaine de la science et dans celui de la pensée.

Dans ce voyage en auto-canot-aérien de Paris à Pékin, à travers les péripéties émouvantes d'incidents parfois vraiment dramatiques, mais toujours ingénieux et vraisemblables, l'auteur déroule sous les regards émerveillés du lecteur, jeune ou vieux, des descriptions géographiques suivies de scènes drôlatiques avec des réparties à la Don Quichotte qui amènent le rire aux lèvres. On peut dire que, dans ce livre, l'utile se joint à l'agréable et le rire au sérieux.

A l'instar de Jules Verne, l'auteur fait entrer la partie scientifique, en dégageant ce que la science a d'aride, par des inventions appelées à révolutionner certaines questions de mécanique ayant trait à la traction et à la locomotion, de même qu'à l'éclairage, etc., avec cette double particularité qu'aux détails, déjà minutieusement décrits, il joint à l'appui des dessins et croquis graphiques d'une exécution parfaite qui font que ces inventions sortent du domaine de l'imagination.

En outre, les heureuses déductions qui découlent de certains principes qui y sont exposés en font un livre de vulgarisation scientifique et de saine morale philosophique.

Extrait des " *Annales de l'Alliance Scientifique* " — Mai-Juin 1909

Notre collègue M. Théodore G. Sourdille, président du Comité de Cordoba (République Argentine), vient de publier sous ce titre un ouvrage qui est appelé à un légitime succès. Sous un forme romanesque et humoristique, il nous expose le plan d'un appareil destiné à révolutionner les moyens de transport et de locomotion actuellement en usage.

Avec le héros de son roman nous parcourons tour à tour les plus beaux paysages de l'Europe et de l'Asie, nous assistons aux scènes tantôt comiques et tantôt dramatiques auxquelles cette fantastique randonnée de Paris à Pékin donne lieu.

M. Sourdille, qui est un savant distingué, a voulu faire également œuvre de vulgarisateur scientifique et d'éducation morale. Aussi nous expose-t-il, dans divers chapitres, les découvertes scientifiques déjà réalisées et celles qui peuvent être mises en pratique dans un avenir prochain.

Les personnages, au cours des longues journées de ce voyage, se livrent à des entretiens philosophiques qui permettent à l'auteur de développer, en même temps que les théories les plus connues sur la Cosmogonie, les mondes supra-terrestres, la métaphysique, ses idées personnelles.

C'est un livre qui a sa place marquée dans toutes les bibliothèques. Il intéressera également, et à des titres divers, l'homme d'étude, pour les idées nouvelles qui s'y trouvent émises, et le jeune homme par la tournure attrayante que l'auteur a su donner aux descriptions les plus arides.

Nous ne pouvons qu'engager nos collègues à lire cet ouvrage, certains qu'ils en retireront un réel agrément et même un profit certain.

De Paris à Pékin en 24 Jours

ACTE PREMIER

La scène se passe à Paris. — Cabinet d'étude de M. Brianon servant de salon de réception à ses amis. Meubles de l'appartement d'un style ancien, se composant de quelques tableaux accrochés aux murs, d'une demi-douzaine de chaises et de fauteuils recouverts de cuir maroquiné, de trois grandes bibliothèques bondées de livres; à gauche, une large et longue table de travail encombrée de livres et de journaux. Des portes d'accès à droite, à gauche et au fond, avec des patères dorées relevant des rideaux damassés.

Au lever du rideau, le vieux professeur Brianon, respectable vieillard à longue barbe et cheveux blancs, robe de chambre avec couvre-chef galonné, est assis à son bureau, lisant, et semblant très absorbé dans son travail.

Scène première

BRIANON, DE SOLANGE, UN DOMESTIQUE

Raoul de Solange, propriétaire de l'auto-canot-aérien Eureka, entreprend à ses frais le voyage de Paris à Pékin en vingt-quatre jours. Mise correcte et élégante, bien pris dans sa redingote et chapeau haut de forme; de stature régulière, plutôt grande, et belle prestance; carré d'épaules, vigoureux de muscles et svelte de taille. Rien n'affirme autant sa grâce et sa force que le contour charmant et énergique de son visage où la moustache, d'un blond châtain, relevée d'une façon vaporeuse aux extrémités, à la russe, reflète son mâle maintien jusque sur l'expression claire et vivante de ses yeux vert obscur.

Le Domestique apparaît sur le seuil de la porte, accompagné de de Solange et l'annonce. — M. Raoul de Solange.

De Solange prend le devant et pénètre de quelques pas dans la salle.

Le Domestique, s'apercevant que Brianon n'a pas entendu, s'apprête à annoncer de nouveau la visite. — M. Raoul de...

De Solange, interrompant le domestique, lui donne à comprendre, par un signe de la main, de ne pas insister et celui-ci se retire. Puis de Solange, en habitué de la maison, va s'asseoir dans un fauteuil et se met tranquillement à fumer un cigare.

Brianon, très absorbé dans sa lecture et en outre d'énormes piles de livres lui cachent en partie l'entrée des visiteurs. Lorsque tout à coup il s'aperçoit, quelque peu surpris, d'un léger nuage blanchâtre de fumée, il se lève de son siège et voit Raoul. — Comment, c'est vous, monsieur Raoul?... Je ne vous savais pas si près de moi.

De Solange se lève et va au-devant de Brianon en lui tendant la main. — Depuis un instant, et je n'ai point voulu vous déranger dans votre travail... Comment allez-vous?

BRIANON. — Parfaitement, mon ami, et, voyez la coïncidence, j'étais sur le point d'aller vous voir.

De Solange, souriant. — Pas possible!... J'aurais été heureux de recevoir votre visite chez moi, car bien rarement vous me faites cette agréable surprise.

BRIANON. — Oh! ne vous réjouissez pas d'avance et n'allez pas vous imaginer, monsieur Raoul, que cette fois j'avais l'intention de vous faire une visite d'étiquette, non certainement. Je venais vous gronder et vous gronder sérieusement, même.

DE SOLANGE. — Je ne puis le croire!

BRIANON. — Vraiment! Eh bien, écoutez! *(Prenant un journal ouvert placé sur son bureau de travail, puis lisant l'article du journal Le Temps à haute voix.):*

« *Audacieuse excursion en automobile* ». — *Notre estimé ami M. de Solange, sportsman bien connu, entreprendra aussi sous peu cette périlleuse expédition de Pékin à Paris et mettra à exécution cette idée originale, lancée par notre progressiste confrère Le Matin. Seulement, le départ de M. de Solange s'effectuera de* Paris *au lieu de* Pékin, *attendu que notre ami n'a pu se rendre à la date fixée dans cette dernière ville avec son auto nouveau système, construit sous sa haute direction, et que, tout récemment, il vient d'achever. En moins de vingt-cinq jours, paraît-il, il franchira cette distance d'environ douze mille kilomètres, là où ses concurrents ne mettront pas moins de trois mois pour cette périlleuse traversée semée d'obstacles et de difficultés, surtout dans la région accidentée qui sépare Pékin du désert de Gobi. Bonne chance donc et « farewell* ». *(Puis, la lecture terminée.)* J'aime à croire que ce qui est dit dans cet article est un canard à longue envergure; dans le cas contraire, je n'omettrai, je vous assure, aucun sacrifice pour vous empêcher de commettre cette folie.

DE SOLANGE. — Je suis aussi contrarié que vous de l'indiscrétion du reporter de cet article, car mon intention était de conserver l'incognito dans ce voyage, non pour vous, s'entend, attendu que je venais expressément aujourd'hui vous l'annoncer et vous inviter à m'accompagner; aussi, je conçois votre mécontentement et vous prie de m'excuser de n'avoir pas été le premier à vous annoncer mon projet.

BRIANON. — Bah! bah! ce n'est pas de cela qu'il s'agit... Votre argument n'a pas d'importance pour moi... La question capitale est de renoncer à ce projet, que je qualifie — permettez-moi de vous le dire — *(en se rapprochant et baissant légèrement la voix)* d'insensé et d'une utilité discutable, d'une audacieuse excursion, comme dit ce journal; bref, c'est un suicide déguisé que vous voulez entreprendre, et pas davantage.

DE SOLANGE. — Et moi qui venais vous inviter pour m'accompagner dans cette excursion, afin de vous distraire un peu des occupations et de vous reposer de vos travaux philosophiques!...

BRIANON. — Ah bien! merci, vous tombez mal... Voyons, n'avez-vous donc pas réfléchi aux dangers de cette originale et audacieuse entreprise pleine de tribulations en perspective, aussi bien pour les expéditionnaires qui vont tenter l'aventure le 9 juin, c'est-à-dire après-demain? Car, enfin, l'idée de faire franchir à des automobiles cette énorme distance de plus de onze mille kilomètres, à travers des plaines désertiques, des fleuves privés de ponts, des troncs d'arbres abattus au hasard, cachant tant bien que mal un précipice ou une fondrière, des marécages pleins de traîtrises, des immensités sans route, parmi des forêts de bouleaux s'étendant à perte de vue, par-dessus des monts abrupts, est tout autre chose qu'un défi sportif. Pour moi, c'est un défi pur et simple à la saine raison, une excentricité! Quiconque a fait la traversée de cette région de l'Asie centrale, en plein désert de Gobi, se refusera à croire à la possibilité du succès d'une pareille entreprise.

DE SOLANGE. — Mais permettez...

BRIANON. — Laissez-moi vous convaincre... Il est vrai qu'en ces deux dernières années, la piste — non la route (il n'en existe pas) — la piste battue fiévreusement par les Russes a peut-être été améliorée. Pendant la guerre russo-japonaise, alors que le transmandchourien était coupé et toute communication avec la Chine et la Mandchourie septentrionale interceptée par les

Brianon. — Faites donc mon ami, je vous en prie.

De Solange *ouvre la lettre et la lit mentalement, puis on le voit sourire et il dit.* — C'est une lettre cocasse et qui tombe bien à point... Figurez-vous que c'est un ex-ordonnance que j'ai eu à mon service qui cherche une place de domestique et me demande une recommandation... Il faut voir le style de ce brave garçon... Tout porte à rire, jusqu'à son nom de famille !...

Lucie, *intriguée.* — Et comment s'appelle-t-il ?

De Solange. — Il s'appelle Chameau !

Lucie. — Ce n'est pas possible !... Quel drôle de nom ! Et il s'écrit ?

De Solange. — Comme son homonyme ; d'ailleurs, tenez... *(il lui tend la lettre)* si vous voulez avoir l'obligeance de la lire à haute voix, elle en vaut la peine.

Lucie. — Voyons. *(Elle prend la lettre et lit à haute voix.)*

« *A m'sieu Raoul de Solange. — J'avons l'grand plaisir d'prendre la plume à la main ayant l'autre occupée à tenir mon papier...* » Naturellement, il n'y a pas d'autre manière de s'y prendre. « *... pour vous dire que d'puis deux ans que j'suis rentré cheu nous après mon sarvice militaire, j'suis sans place, mais j'ne sont pas pour ça sans travail, car à la maison il y a d'quoi turbiner avec les travaux des champs et des labours. Comme j'avons résolu d'venir à Paris pour gagner un peu plus d'pognon,* » Qu'est-ce qu'il veut dire là par pognon ? Quel drôle de langage !... *(Faisant cette réflexion en riant puis continuant la lecture.)* « *... plus d'pognon qui fait faute aux vieux parce que les récoltes d'cet année vont être mauvaises à cause de c'te sacrée lune rousse qui a tout grillé.*

« *J'peux m'embaucher comme homme d'peine ou ben comme domestique, l'travail ne m'fait pas peur. Et pour n'pas chômer longtemps à mon arrivée, j'prends mon hardiesse à deux mains pour vous demander un bout d'recommandation, n'connaissant personne dans c'te grande capitale.*

« *J'vous demandons pardon excuse du dérangement sachant d'avance qu'vot' gran cœur envers tous et en particulier à vot' ancien ordonnance quand vous étiez mon cap'taine au 8e d'artillerie, dont pour lors j'vous en sont toujours reconnaissant.*

« *Pour finir, j'vous dirons qu'les vieux ainsi qu'mon frère et moi j'vons ben d'santé, il n'y a qu'not' chien d'garde, Black, qu'a eu c'matin une patte cassée et j'désire que la présente vous trouve de même.* (A cet endroit elle se met à rire aux éclats, puis elle continue.) *Votre dévoué serviteur.* — Onésime Chameau. »

(Continuant de rire.) Franchement, c'est trop risible. Il est comique l'individu. *(S'adressant à de Solange.)* Vous devriez le prendre à votre service ce garçon-là, pour nous faire rire un peu en voyage.

De Solange. — Je vais le faire appeler. *(Puis touchant le timbre, le domestique se présente.)* Faites entrer la personne qui vous a remis cette lettre de tout à l'heure.

Chameau est un personnage gros et joufflu, aux cheveux blonds tirant sur le roux, qu'il porte courts ; carré d'épaules, physionomie franche, ouverte et sympathique ; type campagnard endimanché avec son veston marron à raies et pantalon de même couleur, de gros souliers et une cravate flottante d'un rouge écarlate, et tenant au bras droit un grand panier à anses et accompagné du domestique lequel cherche en vain à lui sortir du bras à l'entrée de la porte, mais celui-là résiste et ne veut nullement s'en défaire et se présente ainsi dans l'appartement en s'avançant d'une façon un peu gauche, tenant devant lui son chapeau à deux mains qu'il tourne et retourne dans tous les sens, saluant de la tête chacune des personnes présentes.

De Solange. — J'ai pris connaissance de ta lettre et j'ai justement un emploi à t'offrir. Te conviendrait-il d'être à mon service et es-tu prêt à te mettre en voyage ?

Chameau, *en entendant cette proposition pose son panier tout près de lui et à droite, tout en gardant son chapeau devant lui.* — Vous êtes ben bon pour moi m'sieu d'Solange, avec vous j'irions partout... A la lune, s'il le faut...

Lucie, *vivement.* — Précisément, nous irons dans cette direction, car ce voyage va se faire non seulement sur terre et sur eau, mais aussi dans l'air.

Chameau. — Quant à moi, ça m'est parfaitement égal, mam'zelle d'aller même jusqu'à la Lune avec m'sieu, au contraire, j'aimerions assez ça ; là, au moins, j'pourrions faire connaissance avec cette gueuse de lune rousse qui n'fait que griller nos récoltes, et j'vous assure qu'avec moi elle ne passerait pas une lune de miel pendant l'temps que nous y resterions.

Pendant cet entretien, le domestique, qui était resté dans le cabinet de travail, près de la porte, croyant bien faire, va doucement prendre le panier placé à côté de notre individu et se retire de même afin de le déposer dans l'antichambre ; mais, à peine Chameau a-t-il fini de causer qu'il s'aperçoit de la disparition de son panier qu'emporte le domestique. C'est alors que Chameau, mu comme par un ressort, en cinq enjambées démesurées rejoint le domestique déjà prêt à franchir le seuil avec le panier à la main, le lui reprend brusquement, non sans lui appliquer un vigoureux coup de pied au bas des reins qui fait culbuter le domestique plus vite qu'il ne le voudrait en dehors de la salle, et sur lequel la porte se referme d'elle-même. Puis il revient auprès de de Solange, tenant son panier au bras d'un air triomphant.

Chameau. — Avez-vous vu ce filou ! ce voleur !... Quel toupet il a d'venir me voler sous mon nez mon panier... Eh ! ben vrai ! C'est trop fort. Figurez-vous, m'sieu de Solange que c'est la troisième fois que ce gaillard-là cherche à me l'pincer. D'abord en montant dans les escaliers, la deuxième fois avant d'entrer ici et puis maintenant, pendant que j'étions en train de parler ; vous êtes témoin ?...

De Solange, *avec calme.* — Ne croies pas qu'il l'a fait dans l'intention de te le voler, ici c'est l'habitude que les domestiques débarrassent les visiteurs de ce qui peut les gêner.

Chameau. — J'dis pas non, mais à moi ça m'gêne pas... ben au contraire, ça peut me faire faute... D'ailleurs, mon p'pa m'a ben prévenu : Tu vas à Paris, mon gars, qui m'dit comme ça, fais ben attention de ne pas t'faire filouter, car il y a des gens si malins là-bas qu'ils sont capables de t'sortir ta chemise de d'sus le dos et d'te laisser nu comme un verteau, sans que tu t'en aperçoive... Voyez-vous, pour moi, c't'individu-là c'est un type à ça... Ne vous y fiez pas !... Il n'a pas l'air d'y toucher pour faire ses coups... Mais vous savez... *(En se redressant.)* Avec moi ça n'prend pas, j'ai l'œil et j'la connaissons dans les coins.

La simplicité de cette réflexion fait sourire les présents.

De Solange. — Donc, c'est entendu, je te prends à mon service. Viens demain matin à huit heures chez moi.

Chameau salue et se retire, passant par la porte de droite.

Brianon, de Solange, Lucie sortent également par une autre porte contiguë à la salle à manger.

Rideau

ACTE II

La scène se passe à Venise dans la demeure princière des comtes de Strozzini. — Grand salon de réception meublé avec un luxe asiatique. — Au fond, une large porte. A droite et à gauche plusieurs portes d'accès. Au lever du rideau, la comtesse et le jeune dandy Gontran sont en scène. La comtesse, très luxueusement habillée, est assise nonchalamment dans un fauteuil style Louis XV, écoutant d'un air distrait les propos du jeune Gontran, lesquels ne semblent pas l'intéresser beaucoup au début.

Scène première

COMTESSE DE STROZZINI, GONTRAN BELGRADE

LA COMTESSE. — Alors... vous êtes venu expressément de Paris pour prendre de mes nouvelles?... Permettez-moi de ne vous croire qu'à demi, monsieur Belgrade... Une autre cause certainement vous y attire. Je crois plutôt que vous avez dû faire un effort surhumain pour quitter Paris en échange de Venise...

GONTRAN, *un peu embarrassé.* — J'avoue que le mot expressément n'est point l'adverbe que je devrais employer... Vous avez deviné juste; mais je veux dire par là que mon intention était de ne pas quitter Venise sans venir prendre de vos nouvelles et de celles de votre illustre famille, dont nos aïeux, comme je vous le disais tout à l'heure, se sont connus sous François Ier.

LA COMTESSE. — La thèse change, maintenant je vous crois; néanmoins, je vous sais gré de votre attention et c'est bien aimable à vous d'être venu, ce dont je vous remercie sincèrement.

GONTRAN. — Je tiens avant tout à ce que vous ayez, madame la comtesse, une très bonne opinion de moi.

LA COMTESSE. — Mais j'ai très bonne opinion de vous, monsieur Belgrade, je vous assure... d'autant plus que vous venez de me dire, il y a un instant, que vous étiez l'ami de M. de Solange, lequel j'attends d'un moment à l'autre. Je suis sûre que M. de Solange choisit bien ses amis.

GONTRAN, *d'un air inquiet.* — M. de Solange est pour venir ici-même?

LA COMTESSE. — D'après sa dernière lettre, il doit passer ici aujourd'hui ou demain. Cela ne vous contrarie pas, je suppose?

GONTRAN. — Oh! bien loin de là.... au contraire... M. de Solange est un excellent cœur... je l'aime beaucoup et, entre parenthèse, il vaut mieux que moi sous tous les rapports.

LA COMTESSE. — Il doit vous estimer aussi beaucoup, car vous avez très bonne opinion de lui.

GONTRAN. — Quant à cela, je n'en doute pas un seul instant; mais, entre nous soit dit, Mlle Lucie Marmonteil, sa fiancée, paraît-il, doit lui convenir plus que moi.

LA COMTESSE, *souriant de cette réponse ingénue.* — Oh! c'est plus que probable, car l'amitié changeant de sexe prend une nouvelle teinte... A propos, vous connaissez la jeune personne de son choix?

GONTRAN. — Ma foi non!... Je ne la connais que par ouï-dire... Je ne suis que l'écho qui répète. Tout ce que je puis vous dire, c'est que M. de Solange voyage actuellement avec elle, en compagnie du grand-père et tuteur de cette jeune et charmante personne, paraît-il... J'aurais donc aujourd'hui un double plaisir: celui de serrer probablement la main à M. de Solange et de participer à votre grand bal costumé de ce soir, dont vous m'avez fait l'honneur de m'inviter. Ainsi, je serai plus rapproché de l'objet de mon amour et retrouverai enfin dans ce château la Belle au bois dormant.

LA COMTESSE, *souriant.* — Seriez-vous le Prince charmant?

GONTRAN. — Ni prince, ni charmant, non!... Mais j'aurai le plaisir, non d'éveiller la belle qui sommeille, mais de la voir danser dans ce château.

LA COMTESSE, *intriguée.* — L'objet de votre amour ferait-il partie du corps des danseuses de l'Opéra de Paris, qui travaillent actuellement au grand théâtre de notre ville et que j'ai engagées pour ce soir à notre bal costumé, afin de donner plus d'animation à cette petite fête?... Serait-ce enfin une de ces étoiles?

GONTRAN. — Précisément, c'est comme vous venez de le dire, une de ces étoiles, et c'est pour cette raison peut-être qu'il y a entre elle et moi une distance incommensurable; car, jusqu'à présent, je ne puis l'approcher, je ne puis obtenir la moindre faveur, aucun sourire, aucune amabilité, rien, absolument rien, de sa part, et pourtant, croyez-moi, c'est pour le bon motif...

LA COMTESSE. — Je n'en doute pas.

GONTRAN. — Malgré toutes mes avances et mes instances, je ne puis me rapprocher d'elle; et Dieu merci, ce n'est pas ma faute, car depuis Paris jusqu'ici je la suis après avoir passé une partie de la saison à Lyon et l'autre à Milan.

LA COMTESSE. — En un mot, vous ne sympathisez pas.

GONTRAN. — C'est-à-dire que je suis seul à sympathiser.

LA COMTESSE, *souriant de la naïveté de la réponse.* — Cela revient au même... Voyez-vous, pour vous rapprocher de votre étoile, il vous faudrait vous faire co......

GONTRAN, *interrompant.* — Comédien, n'est-ce pas?

LA COMTESSE. — Non! Ce n'est pas cela que je voulais dire.

GONTRAN. — Alors, comique?

LA COMTESSE. — Pas davantage. Je voulais dire.... mais aussi vous ne me laissez pas achever... que pour vous rapprocher de votre étoile, il faudrait vous faire comète.

GONTRAN. — Hélas! si cela était possible... Malheureusement, je ne suis que son satellite, je tourne autour.

LA COMTESSE. — Quel caprice! Vous êtes encore bien jeune...

GONTRAN. — Pas si jeune que vous le supposez, madame la comtesse; malgré que je sois imberbe, j'ai mes vingt ans sonnés.

LA COMTESSE. — Oh! certainement; comme dit la romance :

Quand on a vingt ans, ô la belle chose!
Comme on se croit grand, comme on se croit léger!
Le présent est bleu, l'avenir est rose
Et comme un oiseau, l'on veut voltiger.

Alors, vous vous considérez très vieux, et moi, qui ai le double de votre âge, qu'est-ce que je devrais dire?

GONTRAN. — Je vous dirai qu'à Paris la vieillesse dure plus longtemps qu'ici, mais elle commence plus tôt, tandis que vous, madame la comtesse, vous êtes encore la jeunesse même.

LA COMTESSE. — Suis-je donc si vieille?

GONTRAN. — Au contraire, l'air ici des bords de la mer est sain, de même que dans les pays montagneux. Aussi, on conserve plus longtemps les fraîcheurs de la jeunesse.

Scène II

COMTESSE DE STROZZINI, GONTRAN, UN VALET DE PIED, DE SOLANGE, BRIANON, LUCIE

Le valet de pied entre en tenant à la main un plateau d'argent, sur lequel se trouve une lettre qu'il présente à la comtesse.

LA COMTESSE, prenant la lettre non fermée, retirant de l'enveloppe trois cartes d'visite et jetant un coup d'œil rapide. — Faites entrer les visites.

Gontran, entendant cela, se dispose à prendre congé de la comtesse.

LA COMTESSE, *d'un air affable.* — Faites-moi le plaisir de rester; ainsi, vous aurez la satisfaction de revoir votre ami, M. de Solange.

GONTRAN, *vivement.* — Il est arrivé? (*A part.*) Comment, diable, vais-je me sortir d'affaire avec toutes mes blagues?

La Comtesse. — A ce qu'il paraît. (*Lisant.*) Ainsi que Mlle Lucie Marmonteil et M. Numa Brianon.

Gontran. — C'est cela! C'est sa fiancée et l'autre monsieur, son grand-père et tuteur, car elle est orpheline.

Les visites entrent, introduites par le valet de pied du château.

De Solange, *se dirigeant vers la comtesse, qui se lève de son siège pour le recevoir.* — Chère comtesse, je suis enchanté de vous revoir et vous présente tous mes respects.

La Comtesse. — Combien cette surprise m'est agréable, monsieur de Solange!

De Solange, *présentant les visites.* — J'ai l'honneur de vous présenter Mlle Lucie Marmonteil, petite-fille de M. Brianon, l'éminent professeur de l'Université.

Suivent les saluts d'usage.

La Comtesse, *toute radieuse.* — Quel est le bon vent qui vous amène dans notre presqu'île, monsieur de Solange, depuis une si longue absence?

De Solange. — A vous parler franchement, chère comtesse, votre aimable compliment est tout à l'honneur de Mlle Lucie Marmonteil, qui a choisi de préférence cette voie au lieu de celle de Saint-Pétersbourg pour notre voyage à Pékin, ce dont je lui sais gré, car j'ai ainsi le plaisir de vous revoir.

La Comtesse. — C'est bien aimable à vous, monsieur de Solange, et je vous en remercie de tout cœur. Mais, si j'ai bien compris, vous dites aller à Pékin?

De Solange. — Mais oui, à Pékin, la capitale du Céleste Empire!

Gontran. — Et ce qu'il y a de plus curieux, c'est que ce voyage s'effectue en automobile, d'après ce que j'ai lu dans un journal de Paris, et qui plus est, avec une automobile diabolique. Figurez-vous que celle-ci marche à une allure de train express, nage comme un cygne et vole comme un aigle, à perte de vue.

La Comtesse. — Dois-je croire, monsieur de Solange, ce que m'affirme M. Belgrade?

De Solange. — La comparaison est assez bien trouvée, je n'ai rien à ajouter de plus.

La Comtesse. — Voyage original s'il en fut! (*Puis s'adressant à Lucie.*) Vous n'éprouvez aucun frisson, aucune frayeur, mademoiselle, de vous voir transportée dans les nues et surtout dans une automobile?

Lucie. — Au contraire, madame la comtesse, c'est pour moi un vrai plaisir; ce pittoresque voyage, avec ses changements de vues continuelles, m'enchante.

La Comtesse. — Ah! ces petites Françaises! Elles paraissent à première vue fragiles et impressionnables comme tout, et, à l'occasion, elles montrent une énergie à toute épreuve. *S'adressant à tous.*) Puisque vous êtes ici, je ne vous laisse point partir ainsi! Ce soir, à neuf heures, je vous attends au bal costumé qui aura lieu au château.

De Solange. — Mais c'est impossible, chère comtesse! Nous n'avons pas de costume, ni le temps de rien faire confectionner!... Nous sommes pris trop de court!

La Comtesse. — Vos arguments, monsieur de Solange, ne servent à rien; j'ai tout prévu, et, en deux mots, je vais vous mettre au courant en vous disant comment le comte et moi avons obvié à tous les inconvénients et à toutes les objections qui nous furent faites ce matin même par tous nos invités. Voici: après le dîner que nous avons offert à l'occasion de nos noces d'argent, nous avons résolu d'un commun accord, d'ajouter un bal costumé pour donner plus d'animation à cette fête de famille.

Il y eut, comme vous le pensez, des cris d'étonnement, des protestations et tous mirent en avant les mêmes objections que vous venez de me faire. Je réclamai deux minutes de silence, et le calme une fois rétabli, je leur dis que que n'admettais aucune excuse; que le magasin du théâtre du château, où sont soigneusement conservés les costumes des pièces et des opéras joués ici, depuis près de vingt-cinq ans, était à leur disposition; qu'il leur serait donné les clefs de tous les placards, de toutes les armoires et de tous les tiroirs, et que tout le personnel, ainsi que notre premier régisseur de la scène, étaient à leurs ordres. Vous avez donc carte blanche. Prenez tout ce qui vous ira, tout ce qui vous fera plaisir, enfermez-vous dans vos chambres et faites votre apparition à l'heure indiquée. J'obtins par cette proposition un succès et une ovation qu'aurait enviés un ministre dans une Chambre de députés: ce ne fut qu'une suite indescriptible d'applaudissements unanimes. Immédiatement après, dans un joyeux brouhaha, mes invités grimpèrent au magasin du théâtre et chacun, à qui mieux mieux, chercha ce qui paraissait convenir à son genre de beauté. J'espère bien que vous, vous ne ferez pas exception et assisterez aussi à ce bal.

Malgré que tout a été mis au pillage, je me souviens avoir conservé dans une armoire, dont j'ai les clefs, des costumes neufs tout récemment reçus de Paris. Vous pourrez ainsi choisir ce qui vous sied le mieux. (*S'adressant à Brianon.*) J'aime à croire, monsieur, que vous ne mettrez pas d'empêchement à cette petite escapade en permettant à Mlle Lucie, votre charmante jeune fille, d'y assister, ainsi que vous, sur qui je compte, et je me ferai un vrai plaisir de vous présenter ce soir au comte.

Brianon. — Je suis très honoré, madame la comtesse, de votre délicate attention, mais permettez-moi de vous exposer avec toute franchise que, quant à moi, ces divertissements ne sont plus de mon âge. Je n'allègue point la fatigue du voyage, car je n'en ressens aucune avec tout le confort qui nous entoure; cependant, j'avoue que j'ai besoin d'un peu de repos. Malgré cela, à l'heure fixée, je serai là, et accompagnerai nos jeunes gens, qui, je n'en doute pas, sont enchantés de cette agréable et inattendue distraction que vous allez leur procurer. Quant à moi, comme je viens de vous l'exposer, je me permettrai de me retirer après avoir eu l'honneur d'être présenté à M. le comte de Strozzini.

La Comtesse. — Je vous en suis reconnaissante, monsieur, et, vu vos explications très justifiées, je ne veux point abuser de votre indulgence.

Brianon. — Maintenant, si vous n'y voyez pas d'inconvénient, madame la comtesse, je vous demanderai l'autorisation de laisser entrer à ce bal notre domestique, sous un costume masqué bien entendu, afin d'avoir sous la main une personne au courant de nos habitudes, sur laquelle nous puissions compter pour donner au besoin nos ordres.

La Comtesse. — Tout ce que vous voudrez vous est accordé d'avance.

Brianon s'incline en signe de remerciement.

De Solange. — Quel costume pourrions-nous bien donner à notre domestique?

La Comtesse. — Oh! c'est la chose la plus facile du monde!... Ne vous inquiétez pas de cela, monsieur de Solange.

De Solange. — Mais il faudrait au moins un costume assez voyant et qui ne se confonde pas avec ceux d'aucun des invités.

Gontran. — Si vous êtes de mon opinion, je le déguiserais en ours; ainsi, il serait facile à reconnaître entre tous, et puis si ce costume n'est pas très respectable, au moins il se fait respecter; car on a toujours une certaine appréhension pour ce plantigrade... Supposez un instant que M. de Solange ait besoin de s'absenter pour une cause ou pour une autre, Mlle Marmonteil aura ainsi, chaque fois qu'elle restera seule, un bon gardien.

Brianon. — Cette idée est assez originale et ingénieuse; aussi, vais-je m'occuper dès maintenant de me procurer dans un magasin de cette ville cet accoutrement pour notre domestique.

De Solange. — En effet, c'est ce qu'il y a de mieux à faire.

La Comtesse, *s'adressant à Lucie.* — Vous plairait-il, mademoiselle, de descendre avec moi au jardin pour voir mes beaux chrysanthèmes et mes jasmins du Chili, que je cultive avec un soin jaloux?

Lucie. — Avec plaisir, madame la comtesse.... j'aime tant les fleurs.

La Comtesse. — Alors, venez, mademoiselle. (*A tous.*) Et vous aussi, messieurs, si le cœur vous en dit.

Brianon. — Je vous accompagnerai volontiers... (*offrant le bras à la comtesse que celle-ci accepte*) et si vous voulez me permettre?...

De Solange. — Dans un moment, je vous rejoins avec M. Belgrade.

La comtesse, Lucie et Brianon sortent.

Scène III

DE SOLANGE, GONTRAN

De Solange. — Comment, diable avez-vous pu vous introduire dans les salons du comte de Strozzini?

Gontran. — Je me le demande encore. En premier lieu, j'avais l'intention de me faire passer, pour avoir une entrée, comme étant un descendant d'une famille illustre de France, celle des Belgrade, dont j'ignore l'existence. Je fis donc allusion, dans ma conversation avec la comtesse, à ce que nos ancêtres, les Strozzini et les Belgrade, s'étaient connus sous François Ier, à la bataille de Marignan. Mais la comtesse, très au courant des blasons, armoiries et de toute la série des titres de noblesse, tourna tellement la question que je ne savais plus comment sortir du labyrinthe. Alors, en dernière ressource, et me rappelant vaguement que vous aviez des liens de parenté par mariage avec la famille de Strozzini, je me suis permis de mettre votre nom en avant, me faisant passer pour être un de vos meilleurs amis. Voilà la vérité toute nue, monsieur de Solange; je vous prie de m'excuser d'avoir brodé ces mensonges et de m'être servi de votre nom, poussé par les circonstances.

De Solange. — Enfin, quel intérêt aviez-vous donc de vous faire recevoir dans ce château?

Gontran. — C'est une question d'amour qui me fait agir ainsi... Figurez-vous que depuis Paris je cours, pour ne pas dire je trotte, jusqu'ici, m'étant arrêté à Lyon, à Milan pendant la saison théâtrale, afin d'obtenir les bonnes grâces de la belle Cora de l'Opéra dans une hors ligne et faite au pouce. Vous la connaissez, n'est-ce pas?

De Solange. — Non, je ne la connais pas.

Gontran. — Eh bien, je vais vous la présenter.

De Solange. — Non, merci, je n'y tiens pas du tout.

Gontran. — C'est dommage... Voyez-vous, cette femme me fait tourner la tête, et, cependant, elle est d'une ingratitude envers moi... Vous ne croiriez pas qu'elle me traite de nigaud!... Et elle ne craint pas de me rire au nez malgré tous mes cadeaux et malgré que j'ai épuisé pour elle tout le style épistolaire du Secrétaire des amants. Maintenant, je ne sais plus quoi dire... Enfin, je suis arrivé à la menace.

De Solange, avec surprise. — De tuer votre dulcinée?

Gontran. — Non, de me tuer, mais rien n'y fait.

De Solange. — Toujours le même, et d'après ce que j'ai entendu dire, vous êtes incorrigible... continuellement en quête de nouvelles aventures amoureuses.

Gontran. — Je vous assure que celle-ci sera la dernière.

De Solange, d'un air de doute. — Oui, je vous crois jusqu'à demain seulement. A propos, il serait temps d'aller rejoindre la comtesse de Strozzini au jardin.

Tous les deux se disposent à sortir.

CHANGEMENT DE TABLEAU

Scène IV

DANSEURS, DANSEUSES DE L'OPÉRA, GONTRAN, CORA, DE SOLANGE, LUCIE

La scène se passe à Venise, au château des comtes de Strozzini. Le grand salon resplendit de l'éclat des lumières électriques. Tous les invités sont présents au bal costumé. Les toilettes sont merveilleuses, malgré l'improvisation de costumes de tous genres et de toutes les époques. L'élégance et le bon goût qu'apportent dans leur choix les belles Vénitiennes sont remarquables.

Toutes très élégantes du reste, elles sont doublement jolies dans ce cadre fait à souhait, au milieu de ce mouvement si brillant, parmi ces costumes multicolores; elles tiennent leur place avec un grand succès.

Gracieuse, empressée, la comtesse semble jouir de la réussite de cette fête.

On la voit sourire agréablement à tous les mots flatteurs, aux paroles d'usage que chacun lui prodigue pour payer sa présence.

Déjà les rondes, les quadrilles, les valses s'animent, s'emportent aux sons d'un orchestre enivrant.

On y remarque des robes de brocart, des tulles de Valenciennes, des mousselines de soie, des guipures d'argent, des tiares du moyen-âge, des diadèmes, des casques empanachés, des habits Louis XV, des bérets Watteau, des robes Directoire, des mantilles espagnoles et le tout agrémenté de guirlandes et de galons d'or, de colliers en pierreries, de bijoux florentins et beaucoup d'autres styles.

Quelques-unes, cependant, ont revêtu des costumes plus modernes. Imaginez-vous voir l'une d'elles avec une jupe plissée en crêpe de Chine blanc; sur le devant, un grand tablier de Venise roussi, s'étendant tout autour des hanches sur une hauteur de trente centimètres au plus; et c'est au bord de ce haut de jupe qu'était monté le volant de crêpe de Chine plissé.

Une autre en jolie toilette en mousseline de soie rose, toute garnie d'incrustations de dentelles avec petit boléro très court en dentelle rehaussée de cabochons tout mignons, avec haute ceinture corselet en taffetas « anémone ».

Et enfin, une jeune et élégante, avec costume en toile crème, corsage à taille ronde à baguettes arrondies et incrustations de toile coquelicot avec manches et jupe originalement plissées dans le haut, s'élargissant naturellement dans le bas, portant une cravate anglaise en crêpe de Chine coquelicot.

Les chapeaux, les perruques et les coiffures n'étaient pas moins d'une originalité et d'un goût exquis.

Depuis les coiffures à la Ninon et à la Japonaise jusqu'aux coiffures napolitaine, bretonne et finlandaise, s'y trouvent représentées, lesquelles se marient gracieusement avec les chapeaux de feutre et de piqué donnant à tous ces frais minois une allure un peu garçonnière.

A côté du béret touriste, on y voit le chapeau feutre gris, tout à fait genre chapelier, sans autre garniture que le ruban autour de la calotte.

Plus loin, une autre porte un chapeau mou en piqué mauve sans garniture, à bords droits, comme en portent les hommes, et baissé sur les yeux.

Une autre enfin avec un beau chapeau de paille joliment tordu et ingénieusement chiffonné.

Une jeune Véronaise, jolie à croquer, sous son très large chapeau d'une élégance incomparable, en paille roussie et retroussée à gauche avec deux mouvements d'ondulation. Dans ces ondulations est niché un grand nœud Louis XV, en ruban de velours noir. Pas d'autres garnitures que de belles têtes de plumes noires posées en tous sens.

Une femme un peu forte porte une toque de paille, à grands bords roulés et garnis bas, avec un drapé de dentelle qui lui sied admirablement.

Enfin, d'autres chapeaux garnis de belles guipures, agrémentés d'un drapé mousseline de soie ou quelques choux de couleurs voyantes.

L'une d'elles, entre autres, tient une ombrelle à la main toute en guipure, sans doublure, mais une belle guipure aux reliefs riches. Sur les bords, trois plis plats en mousseline de soie, de largeurs différentes; puis, plus au bord encore, plus de la mousseline de soie à plat, trois rubans de velours écarlate, de tailles différentes aussi. Quant au manche, un véritable bijou d'une fantaisie exquise, d'un raffiné incomparable; de l'écaille et de l'ivoire damastiqués d'incrustations d'or et de pierres précieuses.

En un mot, tous les goûts, les genres et les époques sont représentés.

On y voit des Faust, des Salomé, des Quo-Vadis, des Aiglon, des Féodora, des Salambo, des marquises Watteau, des pages, des paysans, où se coudoient le Napolitain et le Grec, le Breton et l'Arabe, des dandys du Directoire, des bergères, des mousquetaires, des hommes de guerre affublés d'armure du moyen âge; des nourrices et même un bébé avec un bourrelet, une petite jupe courte à nœuds bleus et nu-jambes, lequel appelle passablement l'attention, car celui qui le représente est peut-être la personne la plus corpulente de tous les invités et aurait pu entrer avec honneur dans la Société des Cent kilos de Paris.

Egalement attirent beaucoup l'attention, quelques-uns qui eurent la fantaisie de se travestir l'un en girafe, dominant toute la salle de son long cou, un autre en autruche, se faufilant habilement entre les groupes de danseurs avec des mouvements d'ondulation propre à cet échassier; et enfin, notre domestique Chameau déguisé en ours, marchant d'un pas mesuré et cadencé et bien dans son rôle, qui suit comme une ombre M. de

Solange, costumé en mousquetaire de la reine, donnant le bras à Mlle Lucie, parée d'une riche toilette à la Pompadour ; sauf lorsque ceux-ci dansent, notre domestique se tient à l'écart, dégustant à son aise toutes les consommations que les valets de service lui offrent, se croyant dans l'obligation de n'en refuser aucune.

Un léger incident se produit cependant au milieu du salon, dès le début, à propos du jeune Gontran, lequel est si bien déguisé en gondolier vénitien, que les domestiques du château veulent l'expulser du bal.

Les costumes du comte et de la comtesse de Strozzini sont très remarqués ; celle-ci en dogaresse avec ses cheveux rutilants, son petit béguin vénitien constellé de rubis et sa robe de brocart ; et celui-là en Pétrone couronné de roses, le Pétrone de Quo-Vadis, avec les bras nus, les bracelets d'or et le grand manteau de pourpre drapé à l'antique.

Le coup d'œil d'ensemble de la salle évoque une vision féerique, car celle-ci est réellement merveilleuse avec ses éblouissantes lumières, pendant que là-haut, dans la loggia, les musiciens, également costumés, font pleuvoir sur les convives des flots d'harmonie.

Enfin, la musique, les valses entraînantes, l'éclat des lumières, le brouhaha des voix, l'action des liqueurs fines et des vins généreux, la vue des épaules nues, tout semble pousser à la chute.

Les uns dansent avec l'enthousiasme de la jeunesse, pendant que d'autres flirtent, les yeux dans les yeux, se sentant peu à peu devenir très épris avec un étrange désir qui coule dans leurs veines, un besoin de se frôler, de se respirer, de se rapprocher.

Soudain, fait son apparition dans la salle, après une valse, le corps des danseuses du théâtre, en maillot et robe de gaze.

Les invités font alors place pour laisser exécuter le ballet qui commence aussitôt.

Là, la belle Cora se fait remarquer spécialement par son habileté consommée dans cet art, pendant que le jeune Gontran, en première ligne parmi les invités, ne la quitte pas des yeux un seul instant.

Le ballet terminé, quelques-unes de ces danseuses se retirent de la brillante réunion pendant que d'autres jettent sur leurs épaules un léger manteau et se mêlent à la foule.

Bientôt, on voit circuler dans la salle, le jeune Gontran tout fier, donnant le bras à la blonde Cora, enveloppée dans un léger manteau en satin bleu de ciel, à franges d'argent ; et, quelques instants après, se diriger avec insistance à la rencontre de M. de Solange, au bras de Lucie, qui se promènent en causant. Ils finissent enfin, dans le va-et-vient, par se rencontrer, puis, avec intention, ils leur barrent le passage.

Scène V

GONTRAN, CORA, DE SOLANGE, LUCIE

GONTRAN. — Oh ! que je suis heureux de vous retrouver, monsieur de Solange. Je vous cherche depuis un bon moment sur les instances de ma danseuse, que j'ai l'honneur de vous présenter... et qui serait enchantée de valser avec vous depuis que je lui ai appris que nous étions, vous et moi, les seuls Français dans cette réunion, et que vous étiez un très bon valseur. Quant à moi, je ne sais tout au plus que polker.

CORA, *à de Solange.* — En qualité de Française, j'espère que vous ne me refuserez pas cette faveur, car je m'ennuie à mourir, ici, parmi ces gens-là, dont je ne comprends pas un traître mot de leur langage... *(Après une pause.)* Quel beau costume vous avez... Permettez-moi de vous dire que je vous trouve charmant là-dessous... On jurerait voir un vrai mousquetaire. Franchement, cela fait plaisir ; ce n'est pas comme mon cavalier *(en regardant d'un air dédaigneux le jeune Gontran)*, lui a des goûts arriérés d'un demi-siècle, avec cet accoutrement de marin d'eau douce. *(Se reprenant aussitôt.)* Oh ! ne te fâche pas, mon petit Gontran... tu sais que je dis toujours le contraire de ma pensée.

GONTRAN. — Comment voulez-vous que je me fâche... maintenant que vous commencez à me tutoyer ; au contraire, je vois que notre amitié se cimente de plus en plus.

CORA, *s'adressant à de Solange et regardant du côté de l'orchestre.* — Tenez, la valse est pour commencer... Vous m'accorderez celle-ci, n'est-ce pas ?

DE SOLANGE. — Si cela peut vous être agréable.

CORA. — Non seulement agréable, mais j'en serais ravie.

DE SOLANGE. — Alors, dans un instant, je suis à vous.

Après cette conversation, Raoul va conduire Lucie à un siège inoccupé, et le domestique Chameau, en qualité de gardien, in-petto, dans sa peau d'ours, se plante derrière son fauteuil.

LUCIE, *émotionnée, au moment où Raoul s'éloigne.* — Vous me quittez ainsi, Raoul, pour aller avec cette femme ?

DE SOLANGE. — Oh ! un instant seulement, Lucie.

Scène VI

LUCIE, CHAMEAU

Raoul a rejoint la belle Cora. Bientôt, parmi la foule des danseurs, on les voit tourbillonner avec beaucoup d'entrain, et Cora, un moment après, avec beaucoup de désinvolture, penche légèrement la tête avec un certain laisser-aller sur l'épaule de son danseur.

Lucie, hors d'elle-même, n'en peut supporter la vue plus longtemps et, déjà, des larmes brillent dans ses yeux, qu'elle s'empresse, à chaque moment, d'essuyer avec son mouchoir. Puis, prenant une contenance plus ferme, tout en les observant derrière son éventail qu'elle agite sans cesse et fiévreusement d'une main nerveuse, dissimule mal la pointe de jalousie qui la domine.

Chameau, pendant ce temps, avec son insouciance habituelle pour tout ce qui se passe autour de lui, ne refuse aucune des liqueurs que lui offrent fréquemment les valets de service du château.

Lucie, toujours très inquiète, observe les moindres mouvements de Raoul, de Cora, et, dans sa surexcitation, elle croit s'apercevoir à un moment donné, que celle-ci, dont la tête est si rapprochée de l'oreille de son cavalier, lui parle et même l'embrasse. Aussitôt elle se lève furieuse et hors d'elle-même, se précipite vers eux pour arracher cette femme des bras de Raoul, pendant que ces derniers, continuant de danser, se perdent dans le tourbillon des valseurs, loin de se douter des efforts que Lucie fait pour se frayer un passage parmi les groupes, afin de les rejoindre.

Chameau, aussitôt qu'il s'aperçoit du départ inopiné de Lucie, et dont la consigne était de se tenir constamment derrière elle, s'élance comme un fou, bousculant tout le monde sur son passage.

Déjà un Faust et une bergère perdent l'équilibre et tombent l'un sur l'autre ; après ceux-ci, il va se heurter contre un domino et une reine, lesquels tombent également ; plus loin, il s'empêtre sur un couple chinois qui valsait et il roule sur eux. Notre ours se relève le plus lestement possible pour reprendre sa marche en avant, pendant que les danseurs bousculés se relèvent aussi en maugréant et le traitent d'animal. Néanmoins, ils se remettent à danser, car la musique n'en continue pas moins de jouer avec entrain.

Lucie, quelques instants après, revient pâle et les traits défaits, sans avoir réussi à rejoindre Cora ni Raoul, les ayant perdus de vue dans la foule. Chameau suit Lucie d'un pas cadencé, et se place de nouveau derrière le canapé où elle vient de s'asseoir. A peine est-elle assise que la valse prend fin, ainsi que le bal, car tout le monde commence à se retirer par les nombreuses portes donnant accès au grand salon.

Lucie regarde anxieusement à chaque instant du côté des sorties, paraît de plus en plus inquiète de ne pas voir revenir Raoul. Peu à peu, le grand salon est évacué.

Bientôt elle se voit seule, car les derniers invités ont franchi la porte et des larmes brillent alors dans ses yeux. Ne pouvant supporter plus longtemps cet abandon, elle se lève de son siège en croisant les mains, qu'elle élève, ainsi que les yeux dirigés au ciel.

LUCIE, *avec désespoir.* — Est-ce possible, mon Dieu ! que je sois délaissée pour cette femme !

Accablée, elle se laisse tomber à sa même place en sanglotant dans son mouchoir et, arrivée au paroxysme de la douleur, elle tombe dans une crise de nerfs après des sanglots étouffés, puis un cri aigu s'échappe de ses lèvres ; alors, perdant connaissance, sa tête tombe lour-

dement en arrière sur le dossier du canapé, et de ses mains s'échappe son éventail, qui tombe à ses pieds.

CHAMEAU, *tout ahuri pendant cette scène, n'ose faire un mouvement; cependant, voyant que l'éventail vient de tomber, il s'empresse de le ramasser pour le lui remettre, mais à la vue de Mlle Lucie sans mouvement et très pâle, il ouvre des yeux démesurés de surprise, car il a rabattu la tête de sa peau d'ours pour mieux se rendre compte de la situation.* — Mamz'elle! mamz'elle! (*L'éventail.*) J' suis là! Seriez-vous malade?

Voyant que Lucie a perdu connaissance, il court, affolé, chercher du secours.

Scène VII

LUCIE, DE SOLANGE, CHAMEAU.
UN VALET DU CHATEAU

M. de Solange, suivi de Chameau et d'un valet de pied, arrive. Le valet tient à la main un plateau, sur lequel il y a une bouteille de rhum, une carafe d'eau et une serviette.

De Solange s'approche de Lucie, mouille la pointe de la serviette avec de l'eau et du rhum, et lui frotte les tempes.

La poitrine de Lucie s'agite avec plus de rapidité et, bientôt, son visage se colore. Elle ouvre les yeux, fait un mouvement, essaye de se redresser en s'appuyant avec les mains, puis retombe sur son siège.

DE SOLANGE, *d'un air attendri.* — Lucie!... Lucie!...

Puis il fait comprendre par un geste de la main au valet de pied et à Chameau de se retirer, et il prend place à côté de Lucie.

Scène VIII

DE SOLANGE, LUCIE

Lucie, abattue par la force de son désespoir, laisse tomber sa tête sur la poitrine de Raoul et d'abondantes larmes coulent le long de ses joues. Elle pleure un instant sans parler.

De Solange, mû de compassion, s'agenouille à ses pieds en lui tenant les mains entre les siennes, qu'il couvre de baisers.

Lucie semble plus calme et peu à peu cesse de sangloter. Puis elle regarde Raoul bien en face et cherche à retirer ses mains, mais Raoul les serre avec une douce pression de tendresse.

DE SOLANGE *murmure au même instant.* — Vous ne m'aimez plus, Lucie?

LUCIE, *levant les yeux vers le ciel et avec amertume.* — Vous me demandez si je vous aime?

DE SOLANGE. — Ah! oui!... Oui, vous m'aimez, je le sais, mais moi aussi, je vous aime, Lucie!

LUCIE, *regardant Raoul avec une expression dans laquelle on voit clairement le doute et l'espérance.* — Vous m'aimez?

DE SOLANGE. — Oui, de toute mon âme!

LUCIE. — Comme avant?

DE SOLANGE. — Plus qu'avant.

LUCIE. — Vous ne me trompez pas?

DE SOLANGE. — Je le jure!

LUCIE. — Quel cœur est le vôtre, qui pouvez aimer deux femmes en même temps!

DE SOLANGE. — Deux femmes en même temps! Que voulez-vous dire?

LUCIE. — Vous ne me comprenez pas?

DE SOLANGE. — Non, je vous assure.

LUCIE. — Oh! mon Dieu, est-ce possible?

Lucie recommence à sangloter.

DE SOLANGE. — Lucie! ma chère Lucie! mon amour! (*avec tendresse*) vos larmes me désespèrent. Par faveur, ne pleurez pas et expliquez-vous, je vous en prie... Je vous aime, Lucie, je vous aime de toute mon âme... et, je vous le jure, je n'aime personne plus que vous... je ne pense qu'à vous...

LUCIE. — Cependant... (*balbutiant*) cependant... j'ai vu...

DE SOLANGE. — Quoi?

LUCIE. — Cette femme... là... il y a un moment... vous l'aimiez.

DE SOLANGE. — Moi?

LUCIE. — Oui, vous, puisque l'ayant dans vos bras vous écoutiez ses propos et elle vous embrassa.

DE SOLANGE. — Non, Lucie, ce sont de pures illusions que vous vous faites là; pour la vie de ma mère, je vous jure que je n'aime pas cette femme.

LUCIE. — Pourquoi?... elle est jeune... elle est belle... Oh! beaucoup plus belle que moi.

DE SOLANGE. — Je vous en prie Lucie, ne vous comparez pas avec elle... Cette femme est une de ces créatures qui appartiennent à tous et n'appartiennent à personne. Ces femmes n'ont pas de cœur, et, par conséquent, on ne peut les aimer. Peut-être ai-je eu le tort d'agréer trop légèrement son accueil, en acceptant d'être son cavalier, mais il faut voir en cela une simple courtoisie de ma part et pas autre chose.

LUCIE *entoure de ses bras le cou de Raoul.* — Oui, je vous crois... Je vous crois, j'ai besoin de vous croire... J'ai tant souffert pendant ce cruel moment... J'ai tant pleuré tout le temps que vous fûtes avec cette femme.

Elle recommence à pleurer, mais de joie maintenant.

DE SOLANGE *la serre contre son cœur et, dans un élan de passion où seul le cœur parle.* — Je t'aime! Je t'aime comme on aime les anges, avec adoration!

LUCIE *lève les yeux au ciel.* — Oh! que je suis heureuse!

De Solange et Lucie restent dans la même position avec recueillement.

RIDEAU

ACTE III

La scène se passe à Constantinople. Grande salle aux murs peints dans un style arabe et sobrement meublée. Dans un des angles de gauche, une estrade sur laquelle est disposée une table recouverte d'un tapis brun foncé et, devant, un fauteuil en cuir servant de siège au juge ou cadi. Tout autour, une file de sièges pour les assesseurs et les interprètes. En face et à l'extrémité, quatre rangées parallèles de bancs pour les délinquants. Trois armoires en noyer et deux spacieuses étagères sur lesquelles sont logés de gros registres numérotés. Une ample porte donne accès à cette salle. A droite et à gauche, deux hautes fenêtres dont les battants sont à demi ouverts, et, enfin, deux autres portes d'intérieur. Au lever du rideau sont réunis, allant et venant dans cette salle, les délinquants, attendant l'arrivée du fonctionnaire turc. On y voit quatre matelots, dont deux anglais, un français et un allemand; deux Grecs, reconnaissables à leur bonnet; un touriste anglais en tenue de voyage, un Juif arménien en haillons, cinq Turcs, gens du peuple; un Persan et quelques autres de diverses nationalités, et, enfin, Lecouvreur, conducteur de l'Eureka, et Chameau.

Scène première

LECOUVREUR, CHAMEAU

Le chauffeur Lecouvreur est de taille au-dessus de la moyenne, cheveux châtains coupés à la Titus, porte crânement sa casquette en toile cirée, a une bonne mine là-dessous avec ses longues moustaches tombantes à la gauloise. Naturel gouailleur et bon enfant. Imbu d'idées socialistes. Gaîté communicative. Rempli d'entrain, d'activité, de juvénile énergie, mais d'une nature ardente, d'une ardeur excessive, violente même par moments. Il ne peut maîtriser les mouvements de colère qui s'emparent de lui lorsqu'il voit se commettre une injustice. Parisien, avec un accent faubourien très prononcé, parle avec facilité, voire même avec une certaine éloquence.

CHAMEAU. — C'est passablement embêtant c'te affaire-là, l'heure s'passe et nous n'sommes pas présents pour l'départ... Qu'est-c'qu'va dire d'nous l'patron ?

LECOUVREUR. — Qu'est-ce que tu veux... il faut prendre son mal en patience... et puis le gouvernement d'ici n'est pas assez riche pour nous garder longtemps en boîte.

CHAMEAU, *toujours inquiet.* — Enfin, qu'est-c' qu'on va faire d'nous ?

LECOUVREUR, *d'un air gouailleur.* — Oh ! c'est bien simple, on va nous empaler comme des alouettes.

CHAMEAU. — Et qu'est-c' q' c'est qu' ça d'être empalé ?

LECOUVREUR. — Empalé ? Ça veut dire qu'on vous fait asseoir tout doucement sur un pieu de deux mètres de longueur, aiguisé par un bout... et, ma foi, quand la pointe entre, on fait une sale grimace... et quand elle sort entre les deux épaules, on est bien près de claquer.

CHAMEAU. — Ça m'donne des frissons rien que d'y penser !...

LECOUVREUR. — Maintenant, si t'as eu le malheur d'avoir fait de l'œil à une des femmes du sultan, hier au soir, la punition sera beaucoup plus douce..., mais le résultat est le même.

CHAMEAU. — Mais, j' n'ai fait d' l'œil à aucune femme dans l'café où nous étions hier au soir.

LECOUVREUR. — Moi, je n'en sais rien. Ça c'est ton affaire... Cependant, je te conseille de ne pas dire au juge que tu les as même regardées, sinon, tu n'y coupes pas... ton affaire serait réglée comme un papier de musique. On te condamnerait alors à être cousu dans un sac en cuir, en compagnie d'une vipère et d'un chat, et on te jetterait dans le Bosphore sans tambour ni trompette.

CHAMEAU. — Eh ben ! nous avons tombé dans un sale pétrin.

Scène II

LECOUVREUR, CHAMEAU, MISTER KINGSTON

Durant le dialogue de la scène précédente, le touriste anglais Kingston se tenait immobile, ne perdant pas une seule parole, sous un air flegmatique, de ce que disaient nos deux interlocuteurs. Ce personnage est grand et sec, portant de longs favoris blonds tirant sur le roux, sans moustaches, le menton rasé ; coiffé d'un casque sénégalais duquel pend, en arrière, un couvre-nuque noué tombant sur les épaules et qui ressemble à s'y méprendre à un ruban flottant ; des guêtres de cuir jaune qui lui emprisonnent parcimonieusement les mollets et, par-dessus, une lanière en cuir plus foncé, contournant en spirale les jambières ; paletot et pantalon à carreaux ; une paire de jumelles en bandoulière et, sous le bras, un appareil photographique portatif Kodak et un en-tout-cas.

KINGSTON *s'approche et se mêle à la conversation.* — Pardon, messieurs, de interrompre voôs !... Moâ aimer biaucoup le France et les Français.

LECOUVREUR. — Pas possible. Eh bien, moi, je suis de même, j'aime beaucoup les Anglais et l'Angleterre. (*A part.*) A quoi veut-il en venir cet individu ? (*Puis, se tournant du côté de Chameau, il lui dit à part tout bas.*) Qui sait si ce n'est pas un mouchard, ce type-là... Ouvrons l'œil et le bon.

Chameau se met alors à regarder avec étonnement l'Anglais.

KINGSTON. — Anglais et Français sont amis et voisins.

LECOUVREUR. — Je le crois puisque nous nous tenons par la Manche.

KINGSTON. — Aoh ! Yes !... A propos si voôs connaître moyen pour échapper nous trois d'ici, moâ donner à voôs biaucoup, biaucoup d'argent... Moâ vouloir passer en Asie, j'ai de l'Europe et de l'Afrique assez.

CHAMEAU. — De la fricassée ? (*Sans cesser de regarder un seul instant notre Anglais avec curiosité.*) Ça tombe vraiment ben, moi qu'ai un' fringale d'puis c' matin. Dites donc, m'sieu l'Anglais, ça n'serait pas dans c'boîte *(la signalant avec l'index)* que vous avez sous l'bras, que vous gardez vot' manger ?

LECOUVREUR, *riant.* — Eh bien, vrai ! Tu me la sors bonne ! Tu ne vois pas, imbécile, que c'est un appareil photographique qu'a ce monsieur ? (*Puis, se retournant du côté de l'Anglais et lui signalant Chameau.*) Ne faites pas attention à ce sidi-là, il a toujours un boyau de vide.

KINGSTON. — Voyons, voôs connaître moyen pour sauver nous trois et passer le Bosphore ?...

LECOUVREUR. — C'est très facile, mister, le plus embêtant de l'affaire serait de sortir de cette salle sans être vu ; mais quant à vous faire passer le Bosphore à pied sec en automobile, je m'en charge si mon patron m'y autorise.

KINGSTON. — Aoh !... A pied sec comme dans la' passage de le mer Rouge ?...

LECOUVREUR. — Justement, comme dans le passage de la mer Rouge et vous n'y verrez que du bleu.

KINGSTON. — Et si moâ tomber à l'eau, moâ perdu ?...

LECOUVREUR. — Pas le moins du monde... Jamais on se perd dans le Bosphore, il est d'ailleurs trop étroit, on vous retrouve toujours.

KINGSTON, *avec satisfaction.* — Aoh ! toujours retrouver moâ ?...

LECOUVREUR. — Mais certainement, mister, on vous retrouvera toujours... Si ce n'est pas le lendemain, ça sera le surlendemain, sur la côte... On ne se perd jamais.

Scène III

LECOUVREUR, CHAMEAU, MISTER KINGSTON, LE CADI, UN INTERPRÈTE, MATHURIN (matelot), UN JUIF ARMÉNIEN.

Le cadi, homme très corpulent et ventre volumineux, fait son entrée accompagné de cinq à six personnages coiffés du traditionnel fez. Ils vont s'asseoir chacun à leur place respective sur l'estrade et les délinquants prennent place sur les bancs.

L'INTERPRÈTE, *annonçant à haute voix.* — Onésime Chameau ?

CHAMEAU. — Présent !

L'INTERPRÈTE. — Avancez.

Chameau s'avance et se tient debout en face du bureau du juge, après avoir enlevé son chapeau qu'il tourne et retourne dans ses mains.

L'INTERPRÈTE. — Vous avez été arrêté hier au soir pour voies de faits. Expliquez vos motifs dans tous leurs détails.

CHAMEAU. — D'abord, m'sieu l'juge, j'n'avons pas fait de l'œil à aucune d'vos femmes.

LECOUVREUR, *de son banc.* — Tais ton bec.

L'INTERPRÈTE, *en regardant du côté d'où vient l'interruption.* — Silence ! (*Puis, s'adressant de nouveau à Chameau.*) Il ne s'agit pas de femmes, soyez bref et concis... D'où veniez-vous avant votre arrestation par la patrouille ?

CHAMEAU. — J'vas vous l'dire, j'étions, m'sieu l'juge, dans un café à boire ousqu'il y avait un tas d'monde : des hommes, des femmes. J'avons bu deux bocks avec Lecouvreur qu'est là-bas sur un banc, il peut vous l'dire aussi, ensuite mon camarade va s'asseoir près d'une gonzesse et...

LECOUVREUR. — Tais ton bec !

L'INTERPRÈTE. — Silence !

CHAMEAU, *continuant sa déposition.* — Moi, j'm'mets à fumer une cigarette pendant c'temps-là. Tout à coup j'vois mon camarade qui cesse d'parler à la typesse et sort du café comme un fou sans rien m'dire... Alors, voyant ça, j'paie nos consommations et j'm'tire des flûtes aussi pour l'rattraper. Et au moment de l'rejoindre, j'm'aperçois qu'mon copain... s'amusait avec un sergot, et j'arrive juste au moment où une patrouille m'met la main sur l'grappin et nous conduit tous les deux au bloc. C'est tout c' que j' savons, m'sieu l' juge.

Quelques secondes après, l'interprète et le juge délibèrent en tête-à-tête.

L'INTERPRÈTE *à Chameau.* — Retirez-vous, vous êtes libre.

Chameau sort alors par la grande porte, puis l'interprète annonce à haute voix:

— Mister John Kingston, english.

KINGSTON, *en français.* — Présent!

L'INTERPRÈTE, *étonné.* — Etes-vous Français ou Anglais?

KINGSTON. — Je souis soujet anglais. Moâ parler correctement le français, voôs pouvoir interroger moâ dans ce langue.

L'INTERPRÈTE. — Très bien. Que faisiez-vous à trois heures du soir, grimpé sur les murs de la résidence d'été du sultan avec un appareil photographique et une lorgnette?

KINGSTON. — Moâ biaucoup aimer le nature, moâ prendre splendides vues dans le jardin.

L'INTERPRÈTE. — Pourquoi avez-vous frappé la sentinelle au visage quand elle vous ordonnait de descendre?

KINGSTON. — Soldat tirer brusquement moâ par le fond de culotte et moâ tomber par terre. Le honneur britannique réclamait oune correction, et moâ furieux boxer le sentinelle.

L'INTERPRÈTE. — Vous ignoriez sans doute le crime de lèse-majesté et le sacrilège que vous alliez commettre en regardant plus longtemps dans cette enceinte sacrée expressément défendue à tous.

KINGSTON. — Moâ, soujet libre de le Grande-Bretagne et pas connaître restriction de la barbarie.

Le juge et l'interprète délibèrent en tête-à-tête.

L'INTERPRÈTE. — Vous avez à payer dix livres sterling, sinon vous êtes passible d'un mois de prison.

KINGSTON. — Moâ payer dix livres sterling et cinq livres donner moâ de pourboire à la soldat pour empêcher moâ de commettre oune crime accompagné de oune sacrilège.

Il retire de son porte-monnaie quinze livres sterling qu'il dépose sur le bureau du juge et, redressant fièrement la tête, il sort.

L'interprète continue ensuite l'interrogatoire.

L'INTERPRÈTE. — Jacques Mathurin, matelot français.

MATHURIN. — Présent.

L'INTERPRÈTE. — Pour un matelot français, ce n'est pas très honnête d'être ici.

MATHURIN. — Eh bien, et vous, vous y êtes bien, mille sabords! D'ailleurs je ne demande pas mieux que de m'en aller d'ici.

L'INTERPRÈTE. — Bref, que faisiez-vous hier sur les quais dans un état anormal?

MATHURIN, *avec désinvolture.* — Je me promenais tout tranquillement quand vos biffins m'ont arrêté.

L'INTERPRÈTE. — Alors, vous vous figurez, par hasard, qu'on ne s'est pas aperçu que vous aviez bu?

MATHURIN. — Oh! ça ne m'étonne pas, on s'aperçoit toujours quand j'ai bu, mais jamais quand j'ai soif.

L'INTERPRÈTE. — Vous faites mal, très mal de boire à ne plus vous tenir sur pied et en obligeant les agents à vous ramener!

MATHURIN. — Bah! c'est une question d'appréciation; il n'y a pas de mal à boire, ce qu'il y a de mal c'est de s'entêter à vouloir marcher après avoir bu. Tenez, à ma place, vous auriez pris sûrement une voiture et personne n'aurait rien vu.

Après un instant de délibération, le juge et l'interprète décident d'aviser par écrit le commandant du bord.

L'INTERPRÈTE. — Allez vous asseoir.

Le matelot retourne à sa place et l'interrogatoire continue.

L'INTERPRÈTE, *en langue turque.* — Jacob Isaac, Juif arménien.

LE JUIF ARMÉNIEN, *s'exprimant en français.* — Présent!

L'INTERPRÈTE, *étonné.* — Vous aussi parlez français?

LE JUIF ARMÉNIEN, *humblement.* — Je parle cinq langues, pour vous servir, Excellence!

L'INTERPRÈTE. — Comment!... vous parlez cinq langues et vous allez en haillons comme un mendiant?... Il est permis d'être pauvre mais pas avec autant d'ostentation!... Quelle profession exercez-vous?

LE JUIF ARMÉNIEN. — Je n'ai aucune, Excellence, mais je suis prêt à vous servir humblement.

L'INTERPRÈTE. — Non, merci. De quoi vivez-vous?

LE JUIF ARMÉNIEN. — De privations! Je ne suis qu'un pauvre diable sans le sou!

L'INTERPRÈTE. — Oh! vous autres n'êtes jamais embarrassés pour trouver des excuses. Vous voulez qu'on s'apitoie sur votre sort et mettre en avant ce proverbe: « L'un mange, l'autre regarde. » Et de là tous les malheurs. Voyons!... On vous a arrêté hier au moment où vous descendiez d'un troisième étage avec une pendule.

LE JUIF ARMÉNIEN. — C'est vrai, Excellence, seulement cette pendule, je vous jure sur mon honneur que j'avais l'intention de la remonter.

L'INTERPRÈTE. — Oui, oui, nous savons ça.

Après délibération, on lui inflige quinze jours de prison et il va se rasseoir sur son banc.

L'INTERPRÈTE. — Jean Lecouvreur, Français.

LECOUVREUR. — Présent!

L'INTERPRÈTE. — Donnez-nous tous les antécédents sur votre arrestation et dites d'où vous veniez et ce que vous faisiez avec votre compagnon dans un café, paraît-il.

LECOUVREUR. — Est-ce bien nécessaire de vous donner tous ces détails?

L'INTERPRÈTE. — C'est indispensable de nous donner le plus de détails possible pour émettre notre jugement et user de l'indulgence envers vous s'il y a lieu.

LECOUVREUR. — Très bien. Profitant de notre passage ici, mon compagnon et moi visitâmes la ville. Lorsqu'au détour d'une rue nous aperçûmes, suspendue à la porte d'une établissement, une grande lanterne dont chacune des faces portait des inscriptions en plusieurs idiomes; sur l'une d'elles était écrit en français: « Auberge et café du Petit Bonheur ». Nous y entrâmes pour prendre quelque chose. La salle était comble, toutes les tables étaient occupées; voyant cela le patron de la maison nous fait passer dans la pièce qui suivait, puis nous demandons qu'il nous serve deux bocks.

Là, il y avait seulement quelques hommes et des femmes attablés. A l'allure des gens de la maison et des décors de cette salle réservée, je compris aussitôt où nous étions tombés.

Au bout d'un moment j'aperçois à l'extrémité de la salle, isolée dans une coin, une jeune personne qui pouvait avoir à peine dix-huit ans, jolie et fraîche, dont la figure cependant était empreinte d'une grande tristesse et tenant constamment les yeux baissés. Histoire de rire un brin, je m'approche d'elle et je lui dis: « Vous avez l'air de vous amuser comme une croûte de pain derrière une malle. » Elle me regarda tristement sans répondre... J'allais me retirer, croyant qu'elle n'avait rien compris lorsque j'entends qu'elle dit tout bas d'un air affligé: « Vous êtes Français? » — Oui, je réponds, et vous aussi peut-être? » Alors je m'assois à côté d'elle et je lui demande pourquoi elle est triste, mais elle garda le silence... « Après tout, ajoutais-je, vous allez me croire bien curieux de vous poser une pareille question. » — « Il y a lieu d'être triste », me dit-elle enfin. Cela commençait à m'intriguer fort. « Voyons, que je lui dis, en lui prenant la main, contez-moi vos peines, peut-être que je puis vous être utile en quelque chose. Alors, comme si elle se déchargeait d'un grand poids, elle se mit à conter son histoire et comment elle se trouvait dans cette maison.

Son histoire est vulgaire, très vugaire... mais triste, très triste.

Un amour trahi, des père et mère convertis en hyènes par une fausse morale et des exploiteurs de la misère.

Elle me conta que quand elle était plus jeune elle s'éprit éperdument d'un jeune homme et qu'après des serments d'amour, se croyant aimée de lui comme elle l'aimait, dans une nuit de triste souvenir, elle s'abandonna dans les bras de son amant pour sceller la sublimité de l'amour.

Après passèrent les jours, les nuits, et l'ingrat ne reparut plus... « Horribles doutes et tristes pressentiments, dit-elle, se présentèrent à ma pensée et ne me laissaient pas un seul instant de repos. Lui, jamais plus je ne le revis et, cependant, dans mon sein, je portais le fruit de cet amour voluptueux qu'en vain je ne pourrais plus cacher et que bientôt la société allait me reprocher comme un crime. Enfin approcha le jour où je ne pus cacher plus longtemps ma faute aux yeux du monde. Alors vinrent les attaques des méchantes gens de l'endroit et avec cela l'irritation de mes parents qui, sous prétexte que j'avais souillé leur honneur, me jetèrent à la porte en me maudissant. Leurs menaces me glacèrent d'épouvante lorsqu'ils me dirent que, dorénavant, je n'aurais plus à compter comme étant leur enfant. Je me jetai à leurs genoux tout en larmes, implorant pardon. Hélas!... ils restèrent sourds à mes suppliques... Abattue, humiliée et honteuse, je m'éloignai le cœur brisé de la maison paternelle.

« Je pris du service dans une localité voisine où je n'étais pas connue, gagnant peu, pas assez même pour subvenir à mes besoins, car il me fallut entrer bientôt à l'hôpital pour donner le jour à mon enfant, où il y en avait tant d'autres, peut-être trompées comme moi.

« Après, où devais-je aller pour m'occuper de cette charge?... Avec mon enfant en bas âge sur les bras, personne ne voulait m'employer, même pas pour laver leurs planchers. Je frappai inutilement à bien des portes de gens riches et de pauvres, mais personne ne se souciait de m'occuper, connaissant ma situation; quelques personnes me jetèrent même à la figure mon déshonneur : « Il ne manque plus que cela, disaient-elles, de prendre à notre service une fille perdue. »

« Je restai ainsi deux jours sans manger et sans abri, avec mon enfant sur les bras, attendant que la nuit fût venue pour coucher sous une porte cochère jusqu'à ce que les gens de la maison viennent m'en chasser pour aller me réfugier ensuite derrière quelque édifice en construction.

« Ne pouvant supporter plus longtemps cette vie de souffrances et dénuée de ressources, je désirais la mort pour moi et ce pauvre petit être qui n'avait même plus la force de crier par toutes ces privations.

« Le matin du troisième jour, le désespoir s'empara de moi d'une telle manière que je ne vis d'autres recours que de me jeter dans la Seine avec mon enfant tremblant de fièvre.

« L'heure matinale favorisait mon sinistre projet et j'avais enfin atteint le pont de la Concorde lorsqu'à ce moment je croise plusieurs jeunes gens, et l'un d'eux en me voyant dit à ses camarades: « Regardez donc cette madone en haillons qui passe avec l'enfant Jésus dans ses bras! Quelle jolie typesse! » Et ils continuèrent leur chemin, sauf l'un d'eux qui s'obstina à me suivre en murmurant derrière moi des paroles que je ne comprenais pas tout d'abord. A la fin je crus comprendre qu'il pouvait me faire avoir du travail. Je me retournai et vis un jeune homme bien mis: « Que dites-vous? lui dis-je. — Je puis vous faire obtenir une bonne place, répéta-t-il, meilleure que celle que vous avez, où vous pouvez gagner plus de cent cinquante francs par mois. — Où ça? lui demandais-je. — Tenez, dit-il en me présentant une carte de visite, voilà l'adresse, rue Rochechouart; et, sur cette carte, je vis l'adresse d'une dame. — C'est loin d'ici, dis-je, et je suis faible et sans argent. — Voilà cinq francs pour vous, prenez une voiture et ne perdez pas de temps car demain ce serait trop tard. »

« Je le remerciai et le jeune homme s'empressa aussitôt de rejoindre ses amis. J'étais au bord de l'abîme mais cette planche de salut me retint. Sur les quais stationnait un marchand ambulant vendant du café au lait chaud; là, je me fis servir une tasse et un petit pain, ensuite je pris un fiacre et j'allai à l'adresse indiquée. Après deux heures d'attente, la dame en question se présenta et je lui exposai ma rencontre avec ce monsieur inconnu au sujet d'un emploi à remplir, mais elle paraissait être au courant. « Oui, me dit-elle, on a en effet besoin de deux personnes pour aller à l'étranger, voyage payé. Il y a une place d'institutrice dans une maison de famille et l'autre c'est pour soigner de jeunes enfants de riches, vous pouvez gagner de cent cinquante à deux cents francs par mois pour commencer. — Le second emploi, je pourrais le remplir, lui dis-je, mais j'ai cet enfant en bas âge. — Ce n'est pas un inconvénient, je me charge de vous le placer en nourrice aujourd'hui même, car il faut vous dire que le départ est fixé pour demain. C'est en Italie, c'est tout près de la France, où vous devez aller. Tous les mois vous me remettrez quarante francs pour payer les mois de nourrice de votre enfant et je me charge des soins. » Cette proposition me paraissait des plus engageantes et je l'acceptai malgré la peine de me séparer de mon fils.

« Le lendemain, en effet, en compagnie de cette dame et de trois autres personnes jeunes comme moi et vêtues décemment, comme je l'étais aussi avec un vêtement dont elle m'avait fait cadeau, nous prenions le train pour Marseille; le jour même de notre arrivée, nous nous embarquions sur un navire, moins cette dame, qui s'en retourna à Paris après nous avoir présentées et confiées à un monsieur de ses parents, disait-elle, lequel nous attendait avec deux autres jeunes personnes pour continuer ensemble notre voyage.

« Le trajet dura deux jours et deux nuits en mer. Enfin, nous arrivâmes ici. Depuis, j'ai su que j'étais en Turquie et non en Italie.

« On vint me chercher en voiture, puis on m'installa dans une chambre bien meublée de cette maison en attendant, paraît-il, que les gens riches qui devaient m'occuper vinssent me prendre, attendu qu'ils n'étaient pas encore de retour de la campagne.

« Horrible déception! je m'aperçus que j'étais tombée dans un guet-apens; cette maison était mal fréquentée: c'était le rebut de la société.

« Je pleurai et je demandai à sortir au patron de l'établissement, le seul qui comprenait le français; il me parla avec dureté, puis, sur mon insistance, il me menaça de me battre... Et personne... personne à qui confier mon angoisse... car mes malheureuses compagnes sont de tous les pays: Allemandes, Polonaises, Italiennes, Espagnoles.

« Il fallut me résoudre et subir tous les affronts... Voilà deux mois que je suis là, et c'est avec difficulté qée j'ai pu réunir quarante francs pour payer le premier mois de nourrice, n'osant pas me plaindre à cette femme de Paris qui m'avait trompée, dans la crainte qu'elle négligeât mon enfant.

« Maintenant, je me vois obligée de me vendre comme on vend une marchandise... Je n'ai plus personne au monde que mon fils, et mon corps pour le donner à qui le veut... »

Des larmes coulèrent le long de ses joues quand elle eut terminé ce qui me confirma la véracité de son récit.

Je voulus lui dire quelque chose, lui donner une parole de consolation... mais je ne savais quoi lui dire... je ne pouvais articuler aucune parole, ma langue restait muette... comme paralysée....

Cette vision de la réalité me bouleversait; j'étais arrivé au paroxysme de l'excitation contre la société égoïste et hypocrite dans laquelle nous vivons.

Sans dire un mot, je sortis de ma poche mon porte-monnaie qui pouvait contenir tout au plus quarante francs et lui laissai entre les mains; puis je me lève et je vais droit au patron, qui était à son comptoir, et me plantant bien en face de lui, je le traitai devant tout le monde de « sale m... »; et comme il voulait riposter par un coup de bouteille, je lui allongeais, avant qu'il me touche, un coup de poing entre les deux yeux qui lui fit perdre l'équilibre et tomba à la renverse. Après, je ramassai ma casquette qui était tombée dans la bagarre, et, comme un fou, je sortis de cet établissement.

Les fraîches rafales du dehors ne purent rafraîchir mon front brûlant ni calmer la grande tension de mes nerfs. Et, tout en poursuivant mon chemin, je lançais à haute voix mon anathème et mes imprécations contre la société protectrice de rances et fausses morales, la propagatrice de l'ignorance, de l'esclavage et de la misère.

Où prends-tu ta morale, société?

Tu as formé le bas-fond et tu ne veux pas qu'existe le bourbier!

» Tu as créé la pourriture et tu ne veux pas qu'on respire l'air ambiant qui infecte!

Tu as créé la corruption et tu t'offusques quand on te la découvre!

Ta morale aux idées étroites, société, est une charogne qu'on doit enfouir pour qu'elle n'empeste pas l'atmosphère!...

Tout à coup, un agent de ville turc me barre le passage en me prenant au collet au point de m'étrangler; je me dégage aussitôt et de deux coups de poings et d'un coup de chausson, je l'envoie rouler sur le pavé, juste au moment où une patrouille passait. Alors, tous les hommes me tombent dessus et m'empoignent avec mon compagnon qui, à ce moment, m'avait rejoint.

Voilà comment les choses se sont passées.

Et il se tait.

L'interprète et le juge paraissent prendre un certain intérêt au milieu du plus grand silence de l'auditoire, puis ils délibèrent en tête-à-tête.

Scène IV

LE CADI. LE MATELOT MATHURIN.
UN OFFICIER TURC ET DES SOLDATS.
LE PERSONNEL DE SERVICE

La porte principale s'ouvre tout à coup avec fracas, et un ours brun à écriture formidable, dressé sur ses pattes de derrière, fait irruption et s'avance au milieu de la salle à la stupéfaction générale, faisant entendre un sourd grondement qui terrifie tous les assistants, ce qui est le signal d'un sauve-qui-peut général. Les uns se cachent dans les armoires, qu'ils referment vivement sur eux; d'autres, moins heureux, grimpent sur les étagères; les matelots, plus lestes, escaladent la plupart l'embrasure des fenêtres et s'y maintiennent à califourchon; enfin, quelques-uns, les plus heureux, sortent par les portes.

Tout le monde, en un clin d'œil, s'est garé ou éclipsé, sauf le cadi, trop gros, qui ne peut s'esquiver à temps; aussi ne trouve-t-il rien de mieux que de s'envelopper dans le tapis qui couvre la table, de se laisser choir dessous et de faire le mort.

Durant la panique, l'ours s'avance toujours en se balançant et poussant de sourds grondements. Bientôt il se passe une chose inouïe, horrible, qui fait frémir rien que d'y songer! Lecouvreur, qui était resté seul sans défense au milieu de la salle est saisi par l'animal affamé, qui l'étreint fortement dans ses énormes pattes et disparaît avec sa proie.

Après le premier moment de stupeur passé, personne n'ose cependant bouger ni quitter son poste improvisé, car tout le monde ignore où l'ours s'est réfugié.

Bientôt, les gens du dehors arrivent de tous côtés, se montrant aux portes armés de fourches, de balais, de têtes-de-loup, de casseroles, de pelles, de pincettes, de couteaux de cuisine; enfin, tout un arsenal d'objets trouvés sous leurs mains. Mais aucun d'eux n'ose prendre le devant. Les plus hardis, cependant, font bien mine d'avancer et encore avec des précautions infinies, pour rétrocéder d'une façon risible de trois à quatre pas au moindre bruit insolite perçu.

MATHURIN, *juché sur la grande suspension accrochée au milieu de la salle, prend un malin plaisir de les effrayer par des plaisanteries.* — Le voilà!... le voilà!... *(Indiquant de la main aux gens rassemblés aux portes dans la direction de la table, sachant parfaitement que c'était le juge qui n'osait remuer.)* Attention!... gare au grain!... En avant, les loustics!... deux hommes à bâbord... et trois à tribord!...

Apparaît un piquet de soldats turcs, armés de fusils et baïonnette au canon, et s'avancent avec précaution en rangs serrés. Ils n'aperçoivent rien d'anormal, ni trace d'ours, sauf un volumineux paquet suspect sous la table. Instinctivement, ils se retirent de quelques pas. Dès lors, toute leur attention se porte sur cet objet. Ils s'avancent en rangs serrés et à proximité de cette masse inanimée, ils la piquent légèrement avec la pointe de leur baïonnette. Soudain, un cri rauque, comme une espèce de hurlement, se fait entendre. Pris de frayeur, ils rétrocèdent de quelques pas.

TOUTES LES PERSONNES PRÉSENTES ET LES GENS ASSEMBLÉS AUX PORTES. — C'est l'ours!... C'est l'ours!...

L'OFFICIER, *commandant.* — En joue!...

LE CADI *se décide à faire reconnaître l'erreur et, se dégageant un peu, tout en étant accroupi, montre la tête en geignant.* — Ne tirez pas!... Ne tirez pas, je vous en supplie!... je ne suis pas l'ours.

L'officier dégage le cadi et aide le juge à se relever, lequel apparaît tout tremblant, plus mort que vif, ayant son fez aplati et de travers.

Pour tous est une énigme l'apparition et la disparition de l'ours.

RIDEAU

ACTE IV

La scène se passe aux environs de Tachkent (Turkestan russe). Nos excursionnistes arrivent avec leur auto-canot-aérien Eureka à proximité d'un village à l'orée d'un bois de sapins. L'Eureka s'arrête au milieu d'une noce de paysans russes, où on distingue parmi eux la mariée en robe blanche. L'arrivée de ce véhicule étrange attire l'attention de tous. Ils agitent de la main leur coiffure au-dessus de leur tête en signe d'allégresse, en murmurant des salutations en langue russe. Aussitôt, deux jeunes gens se présentent amicalement devant la portière, qu'ils ouvrent, et font comprendre de rester parmi eux. De Solange met pied à terre, suivi de Lucie, à laquelle il donne la main pour descendre, puis à M. Brianon.

Scène première

DE SOLANGE, LUCIE, BRIANON, CHAMEAU

DE SOLANGE, *au milieu du groupe.* — Messieurs et amis, laissez-moi vous remercier de votre fraternel accueil, de votre spontanée hospitalité et de vos marques de sympathie en nous invitant à prendre part à vos réjouissances. Veuillez croire que nous éprouvons également un réel plaisir de nous trouver sur le territoire russe, parmi des amis considérés comme des frères par des cœurs français.

Après ce speech sentimental, aucune des personnes présentes ne dit mot. Aucune marque d'approbation ni de désapprobation sur les physionomies.

BRIANON. — Personne n'a compris.

LUCIE. — Faites une chose, monsieur de Solange, montrez-leur notre drapeau français... Au moins, ils reconnaîtront ce que nous sommes et qu'ils ont devant eux de vrais amis.

DE SOLANGE. — Votre idée est superbe.

Il ordonne au domestique de lui remettre le drapeau avec sa gaine, qui se trouve dans l'auto.

CHAMEAU. — Le v'là, m'sieu.

Il lui remet le drapeau dans sa gaine.

De Solange sort rapidement le fourreau et, d'un geste magistral, le déploie en son entier, laissant bien voir les trois couleurs.

Tous les Russes, à la vue du drapeau si ressemblant au leur, reconnaissent les couleurs françaises. Aussitôt, une explosion indescriptible de vivats et de formidables cris de: Vive la France! Vivent les Français! se font entendre.

Nos voyageurs font entendre les cris non moins chaleureux de: Vive la Russie! Vivent nos frères!

Chameau, que l'ovation a mis de bonne humeur, gesticule sur son siège et crie à tue-tête à n'en plus finir des: Vive la Russie!

Scène II

BRIANON, LE POPE

Après l'ovation, tous les gens de la noce se font un plaisir de serrer la main à nos voyageurs, et, au même instant, arrive le pope Israstzoff, auquel l'arrivée des Français avait été annoncée, et leur souhaite la bienvenue en langue française.

LE POPE, *à Brianon*. — Puisque nous avons aujourd'hui le plaisir de vous avoir parmi nous, j'espère que vous nous ferez l'honneur d'assister à la bénédiction de nos jeunes mariés à notre église.

BRIANON. — Avec un grand plaisir, d'autant plus que l'accueil cordial que nous venons de recevoir nous y engage doublement.

Aussitôt, le cortège se forme, venant en dernière file de Solange, donnant le bras à Lucie, et derrière eux, Brianon et le pope discutant chaleureusement sur une question philosophique, et s'en vont.

Scène III

LECOUVREUR, CHAMEAU, UN RUSSE.

Il ne reste que nos deux automédons, juchés sur leur siège, et un convive qui fume tranquillement sa pipe devant un grand verre de kivas, qu'il contemple béatement sans dire un mot. Il a une bonne grosse figure, un peu rougeaude, dont le nez paraît un peu plus foncé que le reste de la figure. Il est coiffé d'une casquette d'astrakan et chaussé de lourdes bottes.

LECOUVREUR. — Mais dis donc... ça ne serait pas préférable de descendre et de faire un brin de causette avec le gros frère (*il signale le Russe attablé à son compagnon*) que de croquer le marmot?

CHAMEAU. — Tu sais donc l' russe?

Il descend aussi de son siège.

LECOUVREUR. — Et alors, je sais même le chinois... ce n'est pas pour te chiner que je te dis ça.

CHAMEAU. — Eh ben, fais un' chose, dis à c't' individu qu'il nous paye la goutte, pisque nous sommes d' la noce.

LECOUVREUR. — Oh! c'est bien facile... Tiens! tu vas voir ça.

Il s'approche du Russe et lui touche amicalement l'épaule.

LECOUVREUR. — Dis doneski, amisko.... qu'est-ce que t'off?...

A cette interpellation, le Russe le regarde en souriant sans rien comprendre. Alors, Lecouvreur, profitant de cet instant, lui donne à entendre par un geste de se lever et lui donne le bras, que l'autre accepte sans façon; puis tous les deux se mettent à marcher de long en large en souriant, et, enfin, Lecouvreur entame la conversation suivante.

LECOUVREUR. — Toiska paraît bon Zigueneff... t'as une bonne trombinoscoff.

Le Russe, toujours calme et d'un air débonnaire, fait deux ou trois haussements d'épaules, pour démontrer qu'il ne comprend absolument rien.

LECOUVREUR. — T'offr' un bock?

Il accompagne cette interrogation d'un geste significatif très compréhensible, consistant à lever le coude à hauteur de la tête et le pouce de la main droite en avant, qu'il place près de la bouche entr'ouverte. Le paysan russe, à cette mimique, comprend aussitôt ce qu'il désire, quitte vivement le bras de Lecouvreur et s'empresse de dire:

LE RUSSE. — Da! da!

Il va prendre une dame-jeanne de kivas, qu'il place à l'extrémité de la table avec deux verres, qu'il nettoie avec grand soin, puis, par geste, il invite nos deux Français à s'attabler, pendant que lui, place son verre à côté et s'asseoit près d'eux.

LECOUVREUR. — Tu vois, comme il m'a compris, le gros frère?

CHAMEAU. — Oh! moi aussi, j'ai compris, et pourtant, j' n' connaissons pas comme toi l' russe... Si j'avions été à l'école tout mon saoul, j'en saurions ben plus long, mais j'avons t'été seulement qu'à l'école du soir.

LECOUVREUR. — Bah! ce n'est pas à l'école que j'ai appris le russe... Moi, je l'ai appris dans le quartier Montmartre; là, on apprend toutes les langues.

Pendant cet intervalle, notre paysan russe remplit les deux verres des Français de cette eau-de-vie du pays appelée kivas.

LECOUVREUR, *saisissant son verre*. — A la tienne, Etienne!

Il trinque avec le Russe, Chameau en fait autant, et tous les trois se mettent à boire. Une fois terminé, chacun replace son verre sur la table.

Chameau fait une vilaine grimace et regarde Lecouvreur.

LECOUVREUR. — Qu'est-ce que tu as?

CHAMEAU. — T'as demandé un bock, et il m'semble qu'c'bougre-là nous a servi un sale cognac dans un verre à pied encore.

LECOUVREUR. — Ce n'est pas du cognac... c'est de l'eau-de-vie du pays... car il faut te dire que bock, en langue russe, veut dire eau-de-vie, et pour nous, c'est de la bière... Voilà ce qui te trompe, mon fiston... D'ailleurs, ça ne m'étonne pas... toi, tu ne connais pas le russe. Maintenant, ce n'est pas tout... Voyons s'il y a de quoi boulotter quelque chose... Que diable! après tout, nous sommes de la noce!...

CHAMEAU. — N'turellement, ils nous ont invités, c'est ben l' moins.

LECOUVREUR, *au Russe*. — Dis donski, amitzaroff, il y a jambonska, choucroutneff et painoff?

Il accompagne ces paroles d'une mimique très significative avec la main, qu'il porte à la bouche entr'ouverte.

Le Russe a compris seulement par ce geste ce qu'il désire.

LE RUSSE. — Da! da!

Il se lève vivement et rapporte deux assiettes et des couverts avec un plat, sur lequel se trouve une tête de cochon non entamée et se réinstalle près d'eux pour prendre part au repas.

LECOUVREUR, *voyant arriver ce mets*. — Parle-moi de ça.

Il commence par dépecer la tête et sert une des oreilles dans l'assiette de Chameau.

LECOUVREUR. — Hein! c'est du croquant, ça... tu es capable de t'en lécher les cinq doigts et le pouce... Ne faisons pas de bêtise en société!

Après que les deux autres se sont servis un morceau, ils se mettent en mesure de manger.

CHAMEAU. — C'est étonnant comme j'apprendrais facilement l'russe... Déjà qu' j'n'sais presqu' rien, j'commence à comprendre... N'est-ce pas qu'pain veut dire painoff?

LECOUVREUR. — Très bien!

CHAMEAU. — Tu vois c'que c'est! Et jambon, jambonoff?

LECOUVREUR. — Quant à ça, non... Jambon, c'est jambonska; il faut savoir observer les règles de la grammaire russe.

CHAMEAU. — Enfin, n'empêche pas qu' peu t'à peu, j'apprendrons l'idiome russe.

LECOUVREUR. — D'abord, on ne doit pas dire peu t'à peu; apprends plutôt à parler ta langue que le russe.

CHAMEAU. — Alors, comment doit-on dire... Peu z'à peu?

LECOUVREUR. — Encore moins.

CHAMEAU. — Eh ben, comment qu' ça s' dit, alors?

LECOUVREUR. — Peu à peu.

CHAMEAU. — Peu à peu!... peu à peu!... Et pourquoi peu à peu?...

LECOUVREUR. — Parce que... ça se dit ainsi; d'ailleurs, la chose se passe comme dans haricot, l' « h » est aspiré.

CHAMEAU. — Ça, je l' croirais jamais qu'on puisse aspirer une hache en parlant comme des z'haricots.

LECOUVREUR. — Tiens! tais-toi, triple buse!

CHAMEAU. — A propos (*il se gratte la tête d'un air goguenard*) j'ai envie d' parler russe à not' type pour l' blaguer un peu d' son nez rouge... Comment doit-on dire: « Si t'as l' nez rouge, mon vieux copain, c' n'est pas à sucer d' la glace! »

LECOUVREUR. — C'est bien facile, je vais t'en faire la traduction littéraire sans droit d'auteur. (*Baissant alors la voix, et rapprochant la main de la bouche.*) Tu n'as qu'à lui dire comme ça: « Amitzaroff, si t'as le pitonski rougeko, c' n'est pas à succk de la glacekoff. »

CHAMEAU, *content, en se frottant les mains*. — Voyons, répète-moi ça encore une fois?

LECOUVREUR. — Amitzaroff, si t'as le pitonski rougeko, c' n'est pas à sucek de la glacekoff.

CHAMEAU. — Bon !... ça va. (*S'approchant du paysan d'un air malin.*) Amitzaroff, si t'as le pitonski rougeko, c' n'est pas à sucek de la glacekoff.

Le Russe, sans sourciller, continue à manger sans prendre garde à ce que Chameau venait de lui baragouiner.

CHAMEAU, *désolé*. — Tu vois, il ne m'a pas compris, pas pus que si j' lui avions dit ça en latin.

LECOUVREUR. — C'est pas étonnant ; à toi, il te manque l'accent.

Scène IV

LECOUVREUR, CHAMEAU, JEUNE COUPLE RUSSE, MISTER KINGSTON

Arrivent un jeune homme et une jeune fille.

CHAMEAU, *les voyant venir*. — Tiens ! en v'là deux qui s' sont détachés du groupe... ça m'a tout l'air d'être des amoureux : ils viennent d' not' côté... N' conviendrait-il pas d'offrir à l'individu et à sa payse un' chaise ?

LECOUVREUR. — Je le crois, la galanterie française l'exige... Va les recevoir.

CHAMEAU, *se récriant*. — Moi ! mais j' n' sais pas l' russe... tu l' sais bien... Il m' manque l'accent...

LECOUVREUR. — Bah ! ça viendra... tu n'as qu'à traiter de « ski » le jeune homme et de « ska » la jeune fille chaque fois que tu leur adresses la parole... et *all right*. Dépêche-toi... les voilà qu'ils arrivent.

Chameau se décide à aller au-devant et salue le couple, son chapeau à la main, et les deux jeunes gens lui rendent le salut. Ensuite, il prend sa chaise, qu'il offre à la jeune fille.

CHAMEAU. — Mainz'elski, prenez cette chaiska et asseyez-vouska, m'sieuski.

Il indique à ce dernier un autre siège.
Les deux jeunes gens s'asseoient en souriant, tout en se parlant à voix basse entre eux, pendant que Chameau, tout radieux, se frotte les mains.

CHAMEAU. — Tu vois comme ça prend l' russe... il n'y a qu' d' voyager dans l' pays même pour apprendre sa langue.

Lecouvreur va et vient, les mains derrière le dos, et se tient les côtes pour ne pas éclater de rire de la réception faite aux nouveaux arrivés. Tout à coup, il pousse une exclamation de surprise.

LECOUVREUR. — Mince, alors !... en voilà un autre qui s'amène... celui-là est à cheval... apprête-toi, Chameau... Il m'a l'air de Don Quichotte avec ses longues jambes et son haridelle.

Ce nouveau venu n'est autre que l'Anglais, dont nous avons fait connaissance chez le cadi, à Constantinople, dans son costume de touriste. Une fois en présence, il s'arrête net devant Lecouvreur et, se plantant droit sur ses étriers, lance le familier cri de joie « hourra » des Anglais, puis lestement descend de cheval et va au-devant de Lecouvreur.

KINGSTON. — Moâ, très content de retrouver amis français. *Tendant la main à Lecouvreur et à Chameau.*) Comment allez-vous ?...

LECOUVREUR. — Oh !... pas possible... c'est vous, mister John ?

KINGSTON. — Mais oui, en chair et en os.

LECOUVREUR, *plaisantant*. — En os surtout, car vous n'avez pas engraissé des tas ! Figurez-vous que, de loin, je vous prenais pour Don Quichotte avec sa Rossinante !

KINGSTON. — Moâ, pas espagnol, souis soujet britannique.

LECOUVREUR. — Aoh ! yes ! y know that you are englisch.

KINGSTON, *vivement*. — Do you speech englisch ?

LECOUVREUR. — Moi ? non... je ne pique pas l'anglais... C'est tout mon répertoire que je viens de vous dire... A propos, quel est le bon vent qui vous amène parmi nous ?

KINGSTON. — Voôs faites erreur... ce n'est pas le vent qui m'amène ici, c'est ma cheval.

Il montre sa monture qui n'a pas bougé de place tant elle paraît exténuée.

CHAMEAU. — Dis donc, Lecouvreur, ça n' serait pas l' moment de déguster d' c' rhum qu' m'a fait cadeau l' patron et d' lui en offrir un petit verre ?

Il signale de la tête l'Anglais.

LECOUVREUR. — C'est pas de refus, s'il est bon.

CHAMEAU. — J' te crois qu'il doit être bon, c'est du légitime ; il vient des lentilles, comme dit l' patron.

LECOUVREUR. — Des Antilles, tu veux dire, triple buse !

CHAMEAU. — Oh ! pour moi, c'est la même chose ; qu'il vienne d'un côté ou d' l'autre... j' suis pas si difficile ni si curieux qu' ça.

Il va retirer du caisson de l'automobile une bouteille de rhum et, après avoir rempli quelques petits verres, il les remet aux personnes présentes.

LECOUVREUR. — Dites-moi, mister John, ça ne vous irait pas d'aller à Pékin avec nous en automobile en moins de huit jours ?... C'est moins fatigant que de chevaucher... Voulez-vous que j'en parle au patron ?

KINGSTON. — Merci, voôs, bon garçon... moâ, pas toujours aller à la cheval... chemin de fer prends aussi... Moâ venu jusqu'à Samarkand par chemin de fer transcaucasien. Cependant, serait enchanté de voir Pékin.

LECOUVREUR. — S'agissant d'un gentleman comme vous, et voyageant dans un but scientifique, M. de Solange vous admettra sûrement d'emblée.

KINGSTON. — Moâ pas voyager pour le science ; moâ recourir les cinq parties du monde avec le parole de Dieu dans mes bagages.

LECOUVREUR. — Ah !... Je comprends, vous êtes impresario... vous donnez des représentations avec un phonographe... Après tout, c'est un truc comme un autre. Seulement vous, vous êtes plus malin... Avoir pu enregistrer la voix du bon Dieu dans vos disques !... Je ne vous dis que ça... Et la chose prend ?

KINGSTON, *gravement*. — Moâ, évangéliste, connais pas subterfuges, distribuer la Bible par centaines de mille.

LECOUVREUR, *étonné*. — Quel drôle de métier vous avez choisi là... Vous ne devez pas gagner lourd avec ce commerce !...

KINGSTON. — Moâ millionnaire, je travaille maintenant pour la salvation des âmes.

LECOUVREUR, *ébahi*. — Sapristi ! vous m'épatez... Voilà des choses qui ne se voient pas tous les jours... Après tout, vaut mieux ça que de ne rien faire... Dans tous les cas, comptez sur moi si vous posez votre candidature.

KINGSTON. — Voôs pensez voyager bientôt dans le Angleterre ?

LECOUVREUR. — Oui et non... Ça dépend de la tournure des choses... D'ailleurs l'Angleterre est à deux pas de chez nous... Que dis-je, deux pas ?... C'est moins, un pas seulement nous sépare.

KINGSTON, *ébahi*. — Oune pas seulement vous dites !

LECOUVREUR. — Mais oui, le pas de Calais !

KINGSTON, *souriant*. — Aoh ! yes !... Voôs très plaisants les Français.

Scène V

LECOUVREUR, MISTER KINGSTON, DE SOLANGE, MUSIQUE, CORTEGE DE LA NOCE

A ce moment une musique se fait entendre dans le lointain qui, sensiblement, se rapproche. C'est celle des paysans russes accompagnant la noce qui est de retour, se composant de deux violons, d'une contrebasse, d'une clarinette, d'un cornet à pistons et d'un trombonne à coulisses. Tous les présents prêtent l'oreille en regardant dans la direction du cortège qui revient. Bientôt apparaissent les musiciens suivis des mariés. La mariée, enveloppée dans son grand voile blanc, est très gentille dans ses atours, au bras de son époux, jeune Russe natif du Turkestan, d'environ vingt-cinq ans, robuste et de taille élevée, portant crânement le costume national. Le reste des gens de la noce viennent derrière eux en file de deux, puis, enfin, en dernière file, M. de Solange et Lucie et M. Brianon avec le pope.

LECOUVREUR, *à de Solange*. — Je me permettrai, monsieur de Solange, de vous présenter mister John

Kingston qui désirerait aller à Pékin par une voie rapide. (*En riant.*) Ce gentleman distingué est un évangéliste avec lequel j'ai eu l'honneur d'être camarade de lit en prison, à Constantinople.

KINGSTON, *tout confus et approuvant de la tête.* — Aoh yes ! Mais c'était une grosse erreur de le police.

Sur la longue table sont alignés les verres pleins de bière et de kivas, et toutes les personnes boivent, dans un joyeux brouhaha, à la santé des mariés et à l'heureux succès des excursionnistes. Après le pope, Brianon et Mister Kingston se retirent.

Scène VI

MUSIQUE, DANSES RUSSES

Les musiciens font entendre leurs accords et les danseurs russes, sous leurs costumes aux vives couleurs, coiffés de leurs bonnets nationaux et chaussés de leurs longues et pesantes bottes qui ne sont pas un obstacle pour la surprenante agilité de leurs mouvements, font les délices des assistants.

Scène VII

Les danses terminées, arrivent le pope, Brianon et mister Kingston parlant chaleureusement entre eux.

DE SOLANGE. — Avant de vous séparer, mes amis, je vais vous offrir quelques bouteilles de vin de Champagne afin de porter un toast en l'honneur des jeunes mariés. (*A Chameau.*) Va retirer une caisse de champagne.

Chameau apporte une caisse, et, aidé de Lecouvreur, ils distribuent les bouteilles. Aussitôt, de tous les côtés, les bouchons sautent, accompagnés de ce bruit caractéristique du vin de Champagne. Des toasts sont portés à la santé des mariés, du pope, des voyageurs, à la France, à la Russie et à l'Angleterre.

KINGSTON. — Moâ, donner ma cheval aux mariés.
LA FOULE. — Bravo !

Nos voyageurs, après ce moment d'expansion, prennent place dans l'Eureka et saluent par les fenêtres de l'auto, lequel s'élève comme une flèche au zénith, à l'ébahissement général.

RIDEAU

ACTE V

La scène se passe en Chine, à proximité de la ville de Kalgan. Nos voyageurs arrivent en pleine insurrection des boxers. Toutes les routes sont gardées. Au lever du rideau on aperçoit, au fond et à la droite, un fort groupe de Boxers sous les armes, assis au milieu de la route. Au fond, un campement.

Scène première

DES BOXERS. LE GÉNÉRAL YUEN-HUI-CHANG, DE SOLANGE

Les Boxers groupés tiennent conversation entre eux. Tout à coup, il s'arrêtent de causer, regardent anxieusement du côté de la grande route et indiquent de la main cette direction. Les sentinelles crient : « Aux armes !.. Aux armes !... » Les Boxers se lèvent et barrent complètement la route à l'auto qui est pour passer et l'entourent de toutes parts. Les voyageurs sont pris et enchaînés deux par deux, les mains prises dans un carcan.

Le général boxer, prévenu, arrive aussitôt sur les lieux en palanquin, suivi de son état-major. Les prisonniers sont mis en sa présence et il les interroge en français, ayant été instruit dans son jeune âge dans un collège des missions chrétiennes.

YUEN-HUI-CHANG, *d'un air hautain.* — Vous avez poussé l'audace jusqu'à nous espionner dans nos retranchements grâce à votre machine infernale, dans l'espoir qu'il vous serait facile de fuir à la moindre alerte. Certainement, vous ne comptiez pas que nos fidèles soldats rempliraient avec zèle leur devoir. Maintenant, de gré ou de force, vous allez nous dire comment vous avez pu pénétrer si près de nos retranchements sans être vus, et prenez surtout garde de ne pas mentir et de ne cacher le nom d'aucun de vos complices.

DE SOLANGE, *prenant la parole.* — Mes compagnons et moi ignorons en premier lieu le motif de cette agression arbitraire et nous sommes encore sous le coup de cette indigne et brutale arrestation employée envers nous, simples touristes, et veuillez croire que si vous ne nous remettez pas aussitôt en liberté, les réclamations en dues formes seront faites auprès de nos représentants. Comme je viens de vous le dire, nous ne sommes que des excursionnistes partis de Paris en automobile, et, nos passeports sont là qui font foi, nous dirigeant sur Pékin.

YUEN-HUI-CHANG. — Vous commencez bien mal votre défense en mentant de la sorte. Comment êtes-vous venus ici si ce n'est de Pékin, attendu que toutes les autres routes de la frontière sont en notre pouvoir ?

DE SOLANGE. — C'est possible, mais tout ce que je puis vous dire, c'est que nous ne venons pas de Pékin ; au contraire, nous y allons. Nous venons de traverser le désert de Gobi.

YUEN-HUI-CHANG. — De traverser le désert de Gobi !... et avec cette voiture nouveau modèle !... Allons, c'est inutile de vous entendre plus longtemps, vous êtes pris et bien pris en flagrant délit, il ne vous reste plus qu'à nous donner le nom de vos complices sans détours si vous voulez qu'on ait quelque indulgence envers vous. Est-ce pour le compte de l'exécrable gouvernement chinois, sous les ordres de l'impératrice, que vous agissez, ou pour celui des légations étrangères alliées qui est, en somme, la même chose : l'ennemi commun ?

DE SOLANGE, *très étonné.* — Permettez, n'ai-je donc point affaire à un général chinois de l'armée régulière ?

YUEN-HUI-CHANG. — Vous l'avez dit, à un général chinois investi du pouvoir du Grand Chef reconnu par tous les Boxers de la région de l'Ouest, de la Mandchourie et de la province de Petchili, qui sont en notre possession, vous le savez bien.

DE SOLANGE. — Je vous le répète, tout cela est nouveau pour nous, nous n'avons pas encore pénétré dans la ville de Kalgan.

YUEN-HUI-CHANG. — N'avez-vous donc pas remarqué sur toutes les hauteurs et les environs de Kaigan les incendies allumés, où sont encore la proie des flammes les missions protestantes, catholiques et russes et toutes les propriétés de la gent barbare de l'Occident qui envahit de plus en plus notre territoire ? Enfin, je vous accorderai la vie sauve à tous, à condition de déposer une rançon de 100.000 francs ici, avant vingt-quatre heures ; dans le cas contraire, vous serez tous livrés aux supplices. Que l'un de vous, le plus ancien, se charge de la mission pendant que les autres resteront en otages.

Après cette décision il donne des ordres à voix basse à un de ses capitaines, puis prend place dans une chaise à porteurs portée par deux eunuques et se retire, suivi de son état-major, mais ses troupes restent sur pied.

*M. de Solange se voit dans l'obligation de se conformer à cette mesure arbitraire pour échapper à l'excessive sévérité de la justice chinoise, car chez eux la plus insignifiante faute est considérée comme un crime, aussi leur Code ne contient seulement que des lois pénales. Un officier chinois ordonne ensuite à un de ses subor-

donnés de désenchaîner les prisonniers sans les mettre pour cela en liberté; il fait apporter une table, une chaise de bambou, du papier et de l'encre.

De Solange s'assoit, sort de sa poche un carnet de chèque et se dispose à écrire, mais, à ce moment, mister Kingston, placé derrière lui, lui touche l'épaule. Solange tourne la tête.

KINGSTON. — Perdon, moâ pas permettre à voôs de payer tout seul si grosse rançon, moâ donner le moitié de la somme; avoir aussi crédit à la banque anglaise dans Pékin.

Il sort son carnet de chèque en attendant que de Solange ait terminé.

Les deux chèques remplis, il se présente un coolie avec une petite voiturette à bras si en vogue en Chine. Les chèques sont remis à M. Brianon.

BRIANON *serre la main à de Solange et à mister Kingston.* — A bientôt. Ne vous affligez pas. Je serai de retour avec la rançon, coûte que coûte, avant vingt-quatre heures.

Il embrasse Lucie qui sanglote dans ses bras et prend place dans la voiturette traînée par le coolie qui part au pas de course. Puis une vingtaine de Boxers munis de cordes tirent l'Eureka dans la direction de la forteresse et un piquet de soldats escorte les prisonniers jusqu'à l'enceinte fortifiée. Après eux et pendant dix minutes le reste de la troupe des soldats chinois révoltés et des Boxers défilent avec leurs étendards déployés, au son de la musique qui joue des airs guerriers, en contournant la route zigzaguée qui mène à la forteresse située sur la hauteur adossée au pied de la grande muraille de Chine.

CHANGEMENT DE TABLEAU

Scène II
LECOUVREUR, CHAMEAU, SOLDATS DE FACTION, KINGSTON

La scène se passe à l'intérieur de la citadelle de Kalgan. Dans une vaste salle contenant de petites cellules adossées l'une à côté de l'autre, mesurant chacune deux mètres de longueur sur un mètre de largeur, ayant une porte grillée, mais sans fenêtre. La partie supérieure du toit est munie d'une claire-voie. A tour de rôle, trois soldats chinois se relèvent chaque heure. Au lever du rideau une sentinelle se promène constamment de long en large devant les cellules occupées, avec l'arme sur l'épaule, pendant que les deux autres se tiennent accroupies, en attendant leur tour de faction, devant un réchaud allumé sur lequel chauffe une bouillotte ou espèce de théière et fument par intervalle leur pipe d'opium.

LECOUVREUR. — Dis donc, Chameau, ça t'amuse de rester ici à croquer le marmot dans cette boîte grande comme la main de ces pignoufs de Boxers?

CHAMEAU. — Je m'amuse pas pus que ça. Et encore, ils ont l'intention d'nous faire jeûner car nous avoir donner comme rata deux méchantes galettes et un peu d'riz... Franchement, il n'est pas fameux leur gueul'ton.... Pour des gens qui vont palper cent mille balles avant vingt-quatre heures!

LECOUVREUR. — Moi je suis d'avis de ficher le camp d'ici cette nuit et d'aller trouver notre consul... Qu'est-ce que tu en dis?... Seulement il faudrait que mister John soit de la partie. *(De sa cellule il interpelle notre Anglais.)* Dites donc, mister John, ça vous irait-il de nous évader ensemble cette nuit et d'aller prévenir le consul anglais?

KINGSTON. — Bien certainement, moâ serais content de donner oune leçon à ces barbares; mais cela impossible, moâ à l'ombre et enfermé.

LECOUVREUR. — Laissez-moi faire, je me charge de vous ouvrir votre cellule.

Alors, pour se rendre compte de la solidité de la porte, il saisit les barreaux à deux mains et la secoue fortement. A ce bruit la sentinelle, pour cet acte de rébellion, lui porte un coup de pointe de baïonnette, mais il l'évite en se jetant brusquement au fond du cachot. Aussitôt la sentinelle partie, il revient de nouveau et, à travers les barreaux, lui montre le poing.

LECOUVREUR. — Tu vas me le payer, viande à poux!... fumier de lapin!... *(Puis, s'adressant à Chameau.)* Dis donc, Chameau, as-tu vu le coup?... Il n'y va pas de main morte ce jaune-là avec son coup de pointe qu'il vient de me lancer. Un peu plus il me trouait la peau. En attendant, j'ai pu m'assurer que la porte ne pouvait céder... Il me reste à voir maintenant la claire-voie... Elle ne me paraît pas trop solide. *(Un moment après apparaît au-dessus de la porte la tête de Lecouvreur faisant des efforts pour soulever ladite claire-voie sans bruit, puis elle disparaît. Une fois descendu.)* Sais tu, Chameau, j'ai trouvé le joint..., nous allons pouvoir nous échapper en décrochant la barre de cette espèce de lucarne d'en haut en la soulevant de la tête et des épaules. Fais surtout attention de décrocher sans bruit la tringle, puis, à mon signal, nous sauterons en même temps en bas, lorsque la sentinelle aura le dos tourné. Moi je m'occuperai de la désarmer pendant que toi tu t'occuperas des deux autres types qui ont l'air de roupiller.

CHAMEAU. — Entendu... Nous allons leur f... une râclée à ces salopiaux-là.

Un instant après et pendant que la sentinelle longe de droite à gauche les cellules, dans le plus grand silence, on s'aperçoit que les claires-voies cèdent et bientôt apparaissent les deux têtes de nos individus presque en même temps; ils restent là un moment dans cette position et se font signe; toujours dans le plus grand silence ils se montrent de plus en plus; déjà ils ont le buste sorti. Alors, profitant d'un moment où la sentinelle a le dos tourné, ils sautent en bas et, rapide comme un trait, Lecouvreur saisit d'une main ferme la sentinelle à la gorge, l'empêche de crier avant qu'elle se soit rendu compte de l'agression et la désarme pendant que Chameau, tout aussi leste que son compagnon, s'élance sur les deux autres soldats à moitié endormis. Au même instant le soldat le plus rapproché reçoit un coup de tête en pleine poitrine et Chameau envoie rouler le Boxer sur le parquet sans connaissance; puis, sans perdre une seconde, il se retourne contre l'autre qui est encore accroupi. Alors une lutte corps à corps s'engage avec ce dernier, mais Chameau a le dessus; il le maintient sous lui, un genou sur la poitrine, une main à la gorge et l'empêche de crier. Pendant ce temps Lecouvreur s'est emparé du trousseau de clefs que la sentinelle tenait accroché à sa ceinture, tout en la tenant au collet d'une main assuré, étant d'ailleurs doué d'une force peu commune. Il ouvre la porte de la cellule de mister Kingston et, une fois celui-ci en liberté, ils se mettent tous les deux en mesure de lier les pieds et les mains avec leurs cravates et de bâillonner la sentinelle en lui attachant un mouchoir sur la bouche.

Cette opération terminée, ils aident ensuite Chameau qui ne lâche pas son Chinois, lequel se débat sous lui comme un beau diable; puis vient le tour du troisième Boxer qui n'oppose aucune difficulté, paraissant d'ailleurs encore alourdi du coup qu'il a reçu. Seulement, pour ce dernier, il manque des attaches pour le ligotter et le bâillonner et ils demandent à M. de Solange et à Mlle Lucie de leur prêter leur mouchoir.

Après cette prouesse, exécutée avec beaucoup d'habileté, ils s'empressent de leur quitter leurs vêtements militaires qu'ils endossent ensuite, puis les placent à leur place respective dans les cellules en refermant la porte sur eux, non sans leur avoir préalablement coupé leurs longues tresses.

LECOUVREUR. — Notre coup a réussi à merveille. *(Pendant que chacun d'eux s'attache derrière la tête, tant bien que mal, la longue tresse de cheveux avec une ficelle trouvée dans une des poches de gilet de mister Kingston. — A Kingston.)* Je crains seulement qu'au moment de nous relever on s'aperçoive de notre déguisement, car vous avez une drôle de frimousse avec vos favoris... Il faudrait vous abattre ça... Il n'y a pas d'autre remède... Vous n'auriez pas de ciseaux sur vous, par hasard?

KINGSTON. — Ciseaux avoir. *(Il en sort une paire de sa poche.)* Moâ avoir beaucoup de regrets de couper mon barbe qui ne m'a quittée depuis oune quart de siècle.

LECOUVREUR. — Il n'y a pas à vous désoler, elle repoussera plus épaisse.

KINGSTON, *avec résignation.* — Alors, que le volonté de Dieu soit faite.

LECOUVREUR. — N'ayez pas peur, moi je m'y entends à faire la barbe... Laissez-moi faire, mister John. *Et en un clin d'œil il lui abat ses fameux favoris.*) Maintenant ce n'est pas tout, il vous manque beaucoup pour avoir l'air d'un Chinois légitime... Il vous faut des yeux fendus en amandes.

KINGSTON. — Ça non. (*Faisant mine de se retirer.*) Moâ pas vouloir qu'on me fende les yeux.

LECOUVREUR, *riant.* — Non! Non! vous n'y êtes pas; c'est avec des charbons éteints de ce brasier que je vais vous faire des yeux en coulisse. Vous allez voir comment je m'y prends pour vous transformer en vrai Chinois. *Alors Lecouvreur prend un charbon et lui prolonge les coins des yeux et, de quelques traits par-ci par-là sur la figure, il le rend méconnaissable.*) Maintenant, à ton tour, Chameau. (*Celui-ci est en train de retrousser la pointe de ses moustaches.* D'abord, à bas les pattes. Il faut avant tout laisser tomber tout naturellement de leur propre poids tes moustaches naissantes. *Puis il dessine également des sourcils en oblique et ajoute quelques traits autour des yeux.*) Te voilà beau comme un astre... Te voilà transformé en fils du ciel. Tâche de remplir ton rôle décemment, comme s'il s'agissait de représenter le *Barbier de Séville.*

CHAMEAU. — Ça c'est ben facile pour toi qui l'connaît, mais moi, j'me rasons tout seul.

Ensuite Lecouvreur se maquille comme il peut et, pour égayer ses compagnons, il prend la bouillotte en fer-blanc pour se regarder dans son travail, comme s'il s'agissait d'une glace.

LECOUVREUR. — Maintenant, chacun à son poste. Vous, mister John, avec Chameau, il faudra vous tenir accroupis dans la même attitude qu'avaient ces Chinois, en vous asseyant sur vos jambes comme font les tailleurs.

KINGSTON. — Aoh! yes! d'abord moâ demander permission à mes rhumatismes.

LECOUVREUR. — Après vous n'aurez plus qu'à prendre leur pipe d'opium et à fumer avec.

KINGSTON. — Miséricorde!

Chacun s'installe à son poste et Lecouvreur se met à marcher gravement de long en large comme une sentinelle.

Scène III

LECOUVREUR, CHAMEAU, KINGSTON, SOLDATS DE FACTION

Trois nouveaux soldats chinois apparaissent. Lecouvreur présente aussitôt les armes de la même façon qu'il l'a vu faire, remet le trousseau de clefs à l'un d'eux, puis fait signe à ses deux compagnons de le suivre. Ils se lèvent, emportent leurs armes, leurs pipes, leur bouillotte et se retirent. Les nouveaux venus s'installent comme les précédents lorsque, soudain, on entend dans l'une des cellules des coups à la porte et des cris rauques. Immédiatement les nouveaux arrivés prêtent l'oreille et ouvrent la porte de la cellule d'où les bruits se font entendre; là, ils voient un des leurs ligoté et sans sa tresse de cheveux. Ils ouvrent les deux autres cellules et voient le même tableau. Un soldat sort précipitamment prévenir le corps de garde. Un officier chinois et six hommes arrivent, ils enchaînent et emmènent dans leur tenue légère les trois Boxers déjà si malmenés.

RIDEAU

ACTE VI

La scène se passe en dehors des murs de Kalgan, au pied de la grande muraille de Chine. L'enclos est rempli d'un grand nombre de soldats de toutes armes, rangés sur plusieurs files. Au lever du rideau, on aperçoit sur une estrade avec gradins, recouverte d'un riche tapis, le conquérant Yuen-Huï-Chang, présidant avec un air hautain et plein d'arrogance. Il est entouré d'officiers boxers, de mandarins et de révoltés de l'armée régulière. Au milieu de l'emplacement se dressent deux poteaux où de Solange et Lucie sont solidement attachés, ayant les pieds et les mains liés par une corde. Ils ont tous les deux le buste nu jusqu'à la ceinture et sont prêts à subir le supplice de la perforation des rognons avec une barre de fer chauffée à blanc. Tout près d'eux est installé un brasier ardent où un bourreau fait rougir la baguette flexible pour l'exécution. Les suppliciés attendent avec résignation mais sans défaillance et la tête haute.

Scène première

YUEN-HUI-CHANG, DE SOLANGE, LUCIE

YUEN-HUI-CHANG *se lève de son siège et, d'un geste lent et grave, étend la main. Un silence sépulcral se fait.* — L'affront fait en la personne de trois de nos fidèles serviteurs et la coopération dans l'évasion de trois de vos complices auxquels vous avez prêté votre concours, méritent un châtiment exemplaire; d'un autre côté, vous êtes accusés d'espionnage. En conséquence, vous êtes condamnés à mort et votre supplice est devancé de six heures en vue des dites circonstances... Sachez que nos arrêts sont inexorables!

DE SOLANGE, *avec la fierté d'une âme blessée qui se trouve à la merci d'un misérable.* — Sachez que vous, vous n'êtes qu'un vil assassin et que vos actes sont dignes d'un guerrier sans courage!... Vous préférez vous couvrir de honte que d'honneur et vous acharner sur des victimes innocentes et sans défense! Si vous vous respectiez, vous ne descendriez pas au niveau de la brute, plus bas que le tigre même, qui ne s'abreuve de sang que lorsqu'il est poussé par la faim.

YUEN-HUI-CHANG. — Où prenez-vous tant d'audace, barbare? Vous osez braver mon courroux!

DE SOLANGE. — Je le répète, vous n'êtes qu'un assassin, qu'un lâche!

YUEN-HUI-CHANG. — Prenez garde, pétulant barbare, votre fierté sera cause que les supplices qui vous attendent et ceux de votre compagne seront poussés jusqu'à la dernière limite; là, nous verrons si les souffrances ne rabaissent pas votre orgueil avant que la mort s'ensuive.

DE SOLANGE. — Apprenez, misérable, que mourant sans déshonneur on meurt sans regret!... Que je me moque de vos menaces et de vos supplices infâmes et inhumains qui seront supportés courageusement par moi comme par ma vaillante compagne, avec la résignation d'une martyre, digne fille d'un père valeureux qui sut mourir en vous combattant dans une autre circonstance.

LUCIE. — O oui, mon Raoul!... que nos pensées, que nos âmes se confondent en une seule jusqu'aux derniers moments!...

Scène II

DE SOLANGE, LUCIE, YUEN-HUI-CHANG, BRIANON

A ce moment on voit arriver sur les lieux un coolie courant attelé à une voiturette et ramenant M. Brianon qui descend aussitôt, une sacoche de voyage à la main, et dont les habits sont couverts de poussière.

BRIANON. — Arrêtez!... (*Tout essoufflé en se précipitant au pied de l'estrade où il dépose une sacoche.*) Voilà la rançon!... la rançon complète!...

YUEN-HUI-CHANG, *gravement.* — Un instant, vieillard, cette rançon vous sauve à vous seul de la mort. Apprenez que trois de vos complices se sont évadés, il ne nous reste plus que ces deux prisonniers pour le supplice. (*Il indique les suppliciés aux poteaux d'exécution.*)

Brianon, *épouvanté.* — Grand Dieu!

Ne s'étant pas aperçu de la triste situation des prisonniers dans sa précipitation pour remettre le prix de la délivrance, dans un élan naturel du cœur, il s'élance les bras en avant, dans la direction des malheureux suppliciés pour les serrer contre son cœur lorsque deux soldats l'arrêtent brusquement au passage et le font reculer. Il reste un moment abattu, tenant sa tête dans ses deux mains. Puis, soudain relevant la tête, d'une voix vibrante et suppliante:

Brianon. — Général, vous n'aurez pas la cruauté de commettre ce crime, votre cœur n'est pas à ce point endurci!... Ces deux enfants que j'ai vu naître... que j'ai vu grandir... qui ne font qu'entrer dans la vie... Oh! non! Vous n'aurez pas le courage de trancher ces deux vies pleines d'espérances!... Les remords de votre conscience assailleraient toute votre existence!

Yuen-Hui-Chang. — Vieillard, il est juste que le sang coule, que les fils du Soleil soient vengés: il faut une victime expiatoire aux dieux.

Brianon, *avec abnégation sublime.* — Eh bien, s'il faut que le sang coule, prenez-moi par faveur, en échange, mais de grâce, laissez-leur la vie sauve... Faites-moi subir à leur place vos plus noires tortures, si cela peut apaiser votre vengeance et celle de vos dieux.

Yuen-Hui-Chang, *avec un sourire sardonique.* — Le sacrifice de votre personne est complètement inutile. Estimez-vous déjà très heureux d'avoir votre vie sauve. Laissez donc faire la justice et chacun pour soi... Vous autres, barbares de l'Occident, vous, les modernes, vous êtes ridicules avec vos générosités; avec ce sentiment que vous appelez dévouement, difficilement vous convaincrez un fils du Soleil. Le dévouement, chez nous, comme dans l'antiquité, reste invariable; il a un sens très précis: il signifie sacrifice expiatoire de quelque chose ou de quelqu'un à une divinité, mais jamais à son semblable.

Brianon. — De grâce, général, laissez-moi vous convaincre... *Espérant trouver là une planche de salut et fléchir ce cœur enduré,* laissez-moi vous expliquer cette cause généreuse que nous appelons chez nous dévouement, et dont l'Être Suprême vous tiendra compte si vous la mettez en pratique. A son origine, un dévouement était, comme vous venez de le dire, un sacrifice aux dieux mânes. Ces dieux mânes, l'imagination antique se les présentait terribles, haineux et vengeurs. Pour apaiser leurs colères et gagner le cœur, il fallait du sang, tantôt le sang des animaux, tantôt le sang des hommes. Voilà ce qu'était le dévouement chez les anciens. Les hommes se dévouaient pour être utiles à leur pays et pour apaiser les dieux. Il y a là, en effet, quelque chose de grand et de sublime. Se dévouer pour ses concitoyens, faire l'abandon de soi-même, cela est grand, cela est beau; mais se dévouer pour apaiser les dieux mânes, une puissance invisible, et avide du sang des hommes, cela est d'une superstition farouche qui fait peine. L'histoire des peuples est pleine de ces sacrifices, chez vous comme chez nous; tous ont immolé d'innocentes victimes et, à ce sujet, l'histoire et la poésie, qui, souvent, ne font que chanter ou pleurer l'histoire ne nous fournit que trop de documents. Il y a, assurément, dans l'antiquité d'autres dévouements, et nous sommes loin de ne pas en comprendre la vertu. Quand Léonidas meurt aux Thermopyles avec ses trois cents compagnons, il ne meurt point pour apaiser les dieux; il ne songe point à eux. Il meurt pour son pays, voilà tout. Quand Caton se tue pour ne point survivre à la liberté morte, il ne se dévoue point aux dieux infernaux, il se dévoue à la vertu. Chez nous, les modernes, les barbares d'Occident si vous voulez, les dévouements ne coûtent point de larmes et ne sont pas suscités par la superstition. Il semble même qu'en passant dans nos contrées, le mot dévouement prenne une autre signification. C'est la raison, c'est l'honneur, c'est le cœur qui parle.

Yuen-Hui-Chang. — Et ces actes, ces traits de dévouement se voient fréquemment parmi vous?

Brianon. — Oui, général, ils sont fréquents, très fréquents, et beaucoup restent même ignorés. Voulez-vous que je vous cite quelques dévouements plus modernes qui sont restés célèbres?

Yuen-Hui-Chang, *nonchalamment.* — Voyons.

Brianon. — Nous avons eu une jeune fille, du nom de Jeanne d'Arc, qui se dévoue, se sacrifie pour son pays et se laisse brûler vive par ses ennemis. Nous avons eu aussi le chevalier d'Assas, surpris par l'ennemi, qu'on menace de tuer s'il dit un mot; il le dit et meurt, mais sauve ses soldats. C'est l'évêque Belsunce, qui, dans la peste de Marseille, en 1720, se dévoue personnellement au soin des pestiférés et trouve la mort. Que dire de ce brave curé de campagne, Vincent de Paul? son nom seul parle en sa faveur. Toute une vie d'abnégations: prisonniers secourus, formation de sociétés de secours, d'asiles aux enfants trouvés; cœur d'or s'il en fut un. Faut-il vous citer une action guerrière? La charge héroïque des cuirassiers de Reichshoffen, où de vaillants soldats se sacrifient pour sauver un corps d'armée, sachant qu'ils allaient tous à une mort certaine. Après de titaniques efforts, de valeureux soldats luttaient toute une journée contre des forces dix fois supérieures, sans pouvoir rompre le cercle de fer. On ordonna la retraite; le chef dit alors à deux régiments de cavalerie: « Faites taire vingt minutes les batteries ennemies, le salut de l'armée l'exige. » Aussitôt, ces braves vont tranquillement à la mort. La charge fut épouvantable et le carnage horrible! Une pluie meurtrière de balles et de mitraille sillonnait l'air, et des files entières de cavaliers sont fauchées. Malgré cela, l'avalanche pénètre avec furie dans les rangs ennemis de l'infanterie, laquelle, effrayée de cette audacieuse attaque, se débande. Mais que pouvait faire cette poignée de soldats, sinon mourir? Aussi, tombèrent-ils tous sur le champ de bataille!

Eh bien, le père du jeune homme que vous tenez là attaché à ce poteau fut un des rares survivants de cette terrible journée!...

Comme nous sommes loin des dévouements anciens! Il n'y a rien de cruel ni de farouche. Tout s'est fait amour, tendresse et devoir. Depuis que ces hommes de bien, grands et humbles, ont passé dans le monde, il semble que l'homme ait trouvé une nouvelle âme. Un souffle jeune et bienfaisant, un souffle d'amour l'a touché; il a senti le vide et l'horreur de l'égoïsme et de la cruauté; il a entendu murmurer à son oreille la plainte éternelle des misères humaines, et son cœur s'est ouvert à une compassion infinie. Il a compris que le dévouement était le résumé des vertus humaines, et il s'est, pour ainsi dire, détaché de lui-même. Ah! le dévouement! il suffit de laisser notre esprit et notre cœur nous expliquer ce mot pour comprendre combien l'âme humaine s'est élevée et purifiée depuis l'antiquité. Certainement, si l'homme moderne ne vaut pas mieux que l'homme antique, son idéal, du moins, est meilleur. Son idéal, c'est le dévouement, c'est l'oubli de soi. S'oublier pour une idée ou pour les hommes, s'oublier pour songer à la vérité, à la justice, à la liberté, s'oublier pour tendre la main aux hommes et les secourir, voilà ce que rêve l'homme moderne. Et cet oubli, chez nous, peut se rencontrer chez tout homme, aussi bien chez le plus modeste que chez le plus illustre. On a beau répéter sans cesse que l'égoïsme a tout recouvert; que, dans le tumulte des intérêts humains, le dévouement et le sacrifice ne sont que de vains mots, cela est faux; et, du reste, fût-il vrai que l'égoïsme eût dans notre vie une part aussi large, malgré lui, le dévouement n'en resterait pas moins notre idéal. Quand l'homme a fait taire les passions et les intérêts, quand la paix est rentrée en lui, quand il s'écoute lui-même, c'est pour entendre parler des autres, c'est pour se sentir incliner vers les hommes, afin de les aimer et de les soulager. Même quand il souffre, il se surprend à songer aux autres. Au fond de l'extrême douleur et dans l'abîme sans issue, quand l'énergie et l'âpreté des passions viriles ont été brisées, quand l'âme délicate et l'organisation nerveuse, à force de froissements, sont tombées dans la résignation et ont renoncé à la résistance; quand les larmes, à force de couler, sont taries; quand un faible et triste sourire erre languissamment sur leurs lèvres pâles, lorsqu'à force de souffrir, l'homme a cessé de penser à sa souffrance, quand il se détend et se déprend de lui-même, alors souvent, comme un murmure, s'élève dans son cœur une voix douce et touchante: c'est le cri de l'âme qui se fait entendre!... (*D'une voix émotionnée empreinte d'une tristesse indéfinissable.*) Et ses bras (*en les tendant dans la direction des deux infortunés prisonniers*) retrouvent un dernier reste de force pour se tendre vers les malheureux qui gémissent et qui pleurent à côté de lui.

Après cette pathétique harangue, il ne peut contenir son émotion et prend sa tête dans ses mains pour étouffer ses sanglots. Pendant que perlent quelques larmes aux yeux de M. de Solange, Lucie pleure abondamment. Quant à Yuen-Huï-Chang, cette harangue si touchante, si pleine de tendresse n'a pas le don de faire tressaillir un seul muscle de son visage: il reste tout le temps impassible.

BRIANON, *après un moment de recueillement.* — Voilà ce que c'est le dévouement, et voilà pourquoi il est notre idéal. Il contente notre raison, et il remplit notre cœur. Faire le bien, aimer, secourir, s'oublier soi-même: qu'y a-t-il de plus élevé et de plus doux dans la vie? Sans doute, le dévouement a existé de tout temps, mais il est plus large et plus pur qu'autrefois. Il est maintenant « le tout de l'homme », les générations humaines se le sont légué comme un flambeau qui, chaque jour, est devenu plus lumineux et plus pur. C'est véritablement le dévouement qui est le flambeau de la vie. Qu'on l'attise et qu'on le nourrisse, car lui éteint, la vie humaine serait dans les ténèbres.

YUEN-HUÏ-CHANG. — Vieillard, vous êtes dans l'erreur, l'humanité est vouée à la décadence.

BRIANON. — Permettez que je vous contredise, général: l'humanité n'est point condamnée à la décadence. Un peuple, une civilisation même peut périr; mais de ses débris naissent des nations mieux organisées politiquement et moralement. L'homme s'achemine lentement vers la justice, et les notions de celle-ci, lentement acquises, s'inscrivent peu à peu, lettre à lettre, dans le code des relations privées et dans le droit des gens.

L'homme est devenu sacré à l'homme et, dans son semblable, il respecte sa propre dignité. Le genre humain tend à ne constituer qu'une grande famille idéale de perfection, que poursuivent, même à leur insu, l'épée à la main, les peuples civilisés lorsqu'ils envahissent des contrées plus étrangères à la vie sociale.

Je vous en supplie, général, que votre cœur ne soit pas inflexible; et si, enfin, il vous faut une victime expiatoire, prenez-moi!... martyrisez-moi!... mais je vous en supplie, donnez-leur la liberté!... donnez la liberté à mes chers enfants!...

Il étend les bras d'un geste suppliant vers les suppliciés.

YUEN-HUÏ-CHANG, *avec impatience.* — La seule grâce que je vous accorde, c'est de ne pas assister au supplice. *(S'adressant à ses hommes.)* Soldats, emmenez ce vieillard. *(Puis, se levant de son siège et étendant la main d'un geste autoritaire dans la direction des infortunés prisonniers, avec arrogance.)* Que justice se fasse!...

À peine cette parole fatidique prononcée, éclate soudain une décharge meurtrière, et ce farouche conquérant tombe blessé mortellement, les bras tendus en avant, sur l'estrade, en poussant un cri rauque. La plupart des officiers de son escorte gisent également sans vie, atteints mortellement par cette décharge meurtrière inopinée.

Scène III

TROUPE CHINOISE, DE SOLANGE, LUCIE, BRIANON, LECOUVREUR, CHAMEAU, KINGSTON

Les soldats chinois de l'armée régulière font irruption, s'élançant avec furie contre les boxers, décontenancés par cette brusque agression; néanmoins, ceux-ci résistent, les armes à la main, au premier assaut des assaillants.

Une affreuse mêlée à l'arme blanche se soutient de part et d'autre. Un bruit assourdissant d'armes qui s'entre-choquent, des crosses s'élèvent et s'abattent sur les crânes nus, les cris étouffés des blessés se font entendre de toutes parts.

Dans la mêlée, on distingue surtout deux Chinois qui font des prodiges de valeur, maniant leur arme avec une dextérité tout à fait à l'européenne, exécutant des voltes, des pointes et des contre-pointes admirables de précision et de rapidité. Ces deux intrépides soldats chinois sont Lecouvreur et Chameau, qui ont tenu à accompagner

les troupes régulières chinoises arrivées la veille même à Pékin.

Pendant le combat, on peut voir aussi un autre Chinois, long et anguleux, qui n'est autre que mister Kingston, s'efforçant de couper avec son yatagan les liens qui ligotent les deux prisonniers, aidé dans cette besogne par le vieux professeur qui, lui aussi, s'est porté en avant sans prendre garde au danger et au péril.

Peu à peu, les boxers perdent du terrain, se replient et sont poursuivis avec acharnement jusque dans leur retranchement, car les renforts de troupes régulières ne cessent un seul instant d'accourir. L'infanterie passe au pas de gymnastique, suivie de l'artillerie de campagne, défilant avec de petites pièces de campagne traînées à bras par les soldats.

Au loin, on entend encore la fusillade et de sourds coups de canon par intervalle.

On voit ensuite un groupe de soldats de l'arrière-garde, munis de civières, emportant les morts et les blessés.

Pendant ce temps-là, nos deux prisonniers, délivrés de leurs liens, s'empressent de rajuster leurs vêtements.

Scène IV

KINGSTON, CONSULS FRANÇAIS, ANGLAIS ET RUSSE, DE SOLANGE, LUCIE, LECOUVREUR, CHAMEAU. CHEF CHINOIS, COOLIES CHINOIS

Arrivent sur les lieux quatre palanquins, dans lesquels se trouvent un chef chinois de l'armée régulière et trois consuls, dont deux en uniforme.

Kingston, dans son costume de soldat chinois, présente les nouveaux arrivés à de Solange, Brianon et Lucie.

CONSUL FRANÇAIS. — Vous l'avez échappé belle; il est certain que ce Yuen-Huï-Chang et sa séquelle vous auraient fait mettre à mort.

DE SOLANGE. — Heureusement que les troupes arrivèrent à temps.

CONSUL FRANÇAIS. — Vos domestiques se sont vraiment bien comportés, en nous avisant à temps du danger que vous couriez, car les troupes régulières chinoises venues de Pékin ne comptaient attaquer l'ennemi que demain matin seulement, mais sur l'insistance des autorités consulaires auprès du gouvernement chinois, l'attaque fut ordonnée sur-le-champ.

DE SOLANGE. — Veuillez croire à notre inoubliable reconnaissance, et je vous prie d'être mon interprète auprès de ces messieurs et de toutes les personnes qui ont pris part à cette action.

CONSUL FRANÇAIS, *à Lucie, avec courtoisie.* — Ayant été à la peine, c'est bien le moins que vous soyez à l'honneur. Permettez que je vous cède mon palanquin pour vous rendre à la ville, distante d'une lieue.

LUCIE. — Vous êtes bien aimable, mais je ne voudrais pas vous en priver.

CONSUL FRANÇAIS. — D'aucune façon, mademoiselle; faites-moi le plaisir d'accepter.

La même offre de la part du consul russe est faite de son palanquin à M. Brianon, ainsi que le consul anglais à mister Kingston.

DE SOLANGE. — Maintenant que vous êtes sans palanquin, moi je vous invite à vous reconduire avec mon auto *Eureka*, qui est remisée dans la citadelle... Allons la voir.

Au moment où tout le monde se dispose à sortir, le domestique, soudain, rappelle M. de Solange, et tous se retournent.

CHAMEAU. — M'sieu d' Solange! M'sieu d' Solange! et l' sac avec tout l' pognon qu'est dedans, vous allez l' laisser?

DE SOLANGE. — C'est vrai! passe-le-moi. *(Il sort de son contenu une liasse de billets de banque de mille francs, représentant vingt-cinq mille francs, et les lui remet.)* Voilà vingt-cinq mille francs pour toi, en récompense de ta conduite exemplaire.

CHAMEAU, *ahuri par cette largesse.* — Tout ça pour moi... Merci bén. *(Joyeux.)* Pour l' coup, qu' vont être contents, les vieux!

Il prend la liasse de billets de banque et, comme une relique, la place sur son estomac et la presse des deux mains.

DE SOLANGE. — A vous, Lecouvreur, il vous revient la même somme... vous êtes aussi méritant que votre compagnon.

LECOUVREUR. — Si vous croyez que je la mérite, j'accepte, et je vous remercie sincèrement de votre générosité.

Il retire son chapeau chinois respectueusement.

DE SOLANGE, *à mister Kingston.* — Quant aux valeurs restantes, que vous avez fournies, elles vous reviennent.

Il lui tend le sac de cuir.

KINGSTON. — Moâ, récompenser conduite des soldats du Céleste Empire! *(Au chef chinois, lui remettant les cinquante mille francs.)* Prie Son Altesse accepter ce modeste obole pour vos valeureux guerriers et agréer notre entière reconnaissance.

Le chef chinois s'incline en signe d'assentiment et ordonne à un des porteurs de remettre les valeurs dans son palanquin.

LE CONSUL, *à de Solange.* — Ce raid extraordinaire que vous venez d'exécuter sera bientôt le sujet de toutes les conversations à Pékin... Vos compétiteurs, qui sont partis il y a un mois... *(riant)* sont enfoncés.

DE SOLANGE. — Il leur faudra certainement deux mois pour arriver à destination.

Tout le monde se retire.

RIDEAU

ACTE VII

La scène se passe à Pékin. La fête du 14 Juillet. Au lever du rideau, on aperçoit la salle des fêtes où doit se célébrer cet anniversaire, laquelle présente un aspect imposant. Derrière les loges, on voit quelques files de bancs disposés en amphithéâtre: le plancher de la salle est recouvert d'un riche tapis où s'élève, sur un des côtés, une estrade sur laquelle une table est dressée en forme de fer à cheval, ayant deux rangées de fauteuils tout autour, destinés aux membres de la Commission et aux personnes de haute catégorie. Cette estrade peut se dissimuler par le moyen d'un mécanisme lorsqu'on veut donner plus d'ampleur au salon.

L'élégante et vaste salle est ornée à profusion de drapeaux français et étrangers entrelacés, avec des étendards et des bannières. Au milieu, se détache un grand écusson aux armes de France et un magnifique buste de la République, ornés, à droite et à gauche, de deux grands et riches drapeaux tricolores déployés et en croix; au-dessus et sur les côtés, on peut lire les inscriptions suivantes, écrites en gros caractères:
« Vive la France! Vive la Patrie! Vive la République! Vivent les droits de l'homme! 1789-1907! Liberté, Egalité, Fraternité! »

Scène première

LECOUVREUR, CHAMEAU

Lecouvreur et Chameau se présentent, ayant trouvé le local ouvert sans avoir rencontré aucun portier ni gardien aux portes d'accès. Tous les deux, en cette occasion, étrennent un costume neuf. Lecouvreur avec un chapeau rond et Chameau avec un chapeau mou à larges bords.

Lecouvreur, suivi de Chameau, et tous les deux pénétrant dans la salle avec une certaine appréhension, regardent avec stupéfaction à droite et à gauche la magnificence de l'endroit.

LECOUVREUR. — Il n'y a pas une âme!... Mais non, il n'y a pas un chat!

CHAMEAU. — P't'être ben que l'arception est bâclée.

LECOUVREUR. — Comment veux-tu que ce soit fini? *(Retirant de la poche de son gilet sa montre et regardant l'heure.)* J'ai cinq heures moins dix, et ça commence qu'à cinq heures.

CHAMEAU. — Moi *(imitant son compagnon et sortant une énorme montre)* la mienne marque quatre heures et demie.

LECOUVREUR, *en plaisantant.* — Ça ne m'étonne pas, ta montre est comme toi, elle te ressemble, toujours en retard... Tiens!... Vois-tu celle-là? *(Il lui montre la sienne.)* Jamais elle s'est dérangée... de sa chaîne, et elle te marque aussi facilement les secondes et les minutes comme les quarts d'heure, les demi-heures et les heures, et même le progrès, car elle est toujours en avance...

CHAMEAU, *étonné.* — Ah bah!

LECOUVREUR. — A ma montre, il ne lui faut pas plus de quarante minutes pour abattre son heure.

CHAMEAU. — C'est comme ça qu' j'en voudrais une.

LECOUVREUR, *regardant de nouveau autour de lui les décors de la salle, pendant que Chameau l'imite.* — Sapristi!... il y a de tout, ici... depuis les drapeaux chinois, annamites jusqu'aux norvégiens et suédois...

CHAMEAU. — C'n'est pas d' la p'tite bière!...

Scène II

LECOUVREUR, CHAMEAU, PERE LAGLOIRE

Pendant que Lecouvreur et Chameau admirent toujours les décors et font entre eux leurs réflexions à voix basse et indiquent de la main les objets qui leur appellent le plus l'attention, il arrive un individu d'un certain âge, proprement habillé, paraissant un brave homme endimanché.

LECOUVREUR, *voyant venir l'individu de leur côté.* — Oh! c'est le père Lagloire, le vieux Marseillais... *(A Lagloire.)* Comment allez-vous, beau-père?

Il lui tend la main d'une façon familière.

LAGLOIRE, *avec un accent méridional.* — Très bien!... Très bien! et vous autres, les enfants?...

LECOUVREUR. — Merci, père Lagloire, ça boulotte.

LAGLOIRE. — Bagasse! nous sommes les premiers rendus à ce que je vois; d'ailleurs, il manque encore vingt minutes.

LECOUVREUR. — Vous auriez eu le temps d'arranger ma paire de bottes... Vous ne l'avez pas oubliée, j'espère?... Est-elle ressemelée?...

LAGLOIRE. — Pas encore! pas encore!... Comment voulez-vous que je travaille aujourd'hui, pour un 14 juillet... il ne faudrait plus que ça!... A propos, dites-moi, jeunes gens *(changeant de ton et avec un air farceur),* c'est vrai que votre patron s'est marié ce matin? En voilà un qui ne gaspille pas son temps!... Il est vrai que « le temps perdu ne se retrouve jamais ».

LECOUVREUR. — Voyez-vous, père Lagloire, nous autres, en affaire, ça se passe comme en marche... nous dévorons l'espace, et à tel point que notre ombre a de la peine à nous suivre; quelquefois même, elle est en retard d'un kilomètre... Tenez! dès à présent, je peux vous en donner une preuve. Voulez-vous que je me marie demain avec votre nièce, que j'ai aperçue trois fois dans votre arrière-boutique? Et comme dit le proverbe: « Il n'y a pas d'effet sans cause » comme « il n'y a pas de fumée sans feu ». La chose est même en bonne voie, car je lui ai déjà fait de l'œil et un brin de cour... Ça a l'air de prendre, et, comme dit cet autre proverbe : « Qui tôt donne, deux fois donne ». Donc, papa Lagloire, ce que vous avez de mieux à faire, c'est de me donner la main de votre nièce ; après tout, « l'amour et la fumée ne peuvent se cacher » et puis « ce qui est fait n'est pas à faire ». D'ailleurs, « en toute chose il faut considérer la fin ».

CHAMEAU, *à part*. — Voilà qu'est bon parlé.

LAGLOIRE. — Quant à ça, non, Lecouvreur, car « qui se marie à la hâte se repent à loisir » et, comme on dit : « Tout nouveau, tout est beau ». Par conséquent, « ce qui est bon à prendre est bon à garder » et puis « la raison du plus fort est toujours la meilleure ».

CHAMEAU, *à part*. — Eh bien ! v'là qu'est encore ben dit.

LECOUVREUR. — Vous êtes dans votre droit, papa Lagloire, mais si c'est parce que vous me croyez pauvre que vous me la refusez, je vous ferai remarquer « que pauvreté n'est pas vice » et que « bonne renommée vaut mieux que ceinture dorée ». Et quand il se présente un bon parti pour la petite, « mieux vaut tenir que courir », car « un tiens vaut mieux que deux tu l'auras ».

CHAMEAU, *ébahi et bouche béante à toutes ces réponses ingénieuses, à part*. — Ils ont tout d'même ben raison tous les deux.

LAGLOIRE. — Ne croyez pas à cela, « il n'est jamais trop tard pour bien faire » et « la patience vient à bout de tout ». J'ai pour règle que « tout vient à point à qui sait attendre ».

Chameau, après chaque réplique, approuve de la tête, ne sachant à qui donner raison.

LECOUVREUR. — Mais sachez aussi, père Lagloire, que « qui trop embrasse, mal étreint ».

CHAMEAU. — Pour sûr, mon camarade a raison, « qui trop embrasse manque l' train ».

LECOUVREUR. — Tais ton bec, amphibie !...

LAGLOIRE. — Je n'en veux pas savoir davantage. « A bon entendeur demi-mot » et en toute chose « la prudence est la mère de la sûreté » ; aussi, « chacun pour soi et Dieu pour tous ». Si j'arrive à donner ma nièce à celui qui me convient, et bien celui-là aura du bien au soleil, car, comme dit le proverbe : « amour fait beaucoup, mais argent fait tout », et cet autre : « abondance de biens ne nuit pas », et puis « charité bien ordonnée commence par soi-même ».

CHAMEAU, *à part*. — C'est pas mal trouvé.

LECOUVREUR. — Voyez-vous, « il ne faut pas juger les gens sur les apparences », vous savez comme moi que « l'habit ne fait pas le moine ». Si la petite ne vous a encore rien dit, c'est que « la parole est d'argent, mais le silence est d'or ».

CHAMEAU. — Ça c'est la vérité c'que vient d'dire mon compagnon : « la parole est d'argent, mais l' silence endort ».

LECOUVREUR, *impatienté*. — Toi, tu viens toujours juste à temps pour dire une bêtise !...

CHAMEAU. — J' prends ta défense pourtant. Faut pas t'fâcher pour ça... (*A part.*) On a ben raison d'dire que « toute vérité n'est pas toujours bonne à dire ».

LAGLOIRE. — Jusqu'à présent, ma nièce ne m'a rien dit, « nul ne sait mieux que l'âne où le bât le blesse ». Vous voulez profiter des premières illusions de la petite, et vous vous dites : « il n'y a pêche qu'en eau trouble », seulement « ne réveillez pas le chat qui dort ». Avec moi, ça ne prend pas cette musique sentimentale, car si « chacun prend son plaisir où il le trouve » et que « à défaut de grives on mange des merles », je vous engage, en attendant, de chercher une autre fiancée ailleurs, vous prévenant que « qui s'y frotte s'y pique ».

CHAMEAU, *à part*. — Il paraît qu'il n' faut pas s'y frotter.

LECOUVREUR. — Mais si la petite m'aime, père Lagloire... Vous connaissez ce proverbe : « Ce que femme veut Dieu le veut ! »

LAGLOIRE. — Mais vous oubliez, mon bon, que « bien mal acquis ne profite jamais » et que « promettre et tenir sont deux ». D'ailleurs, ma nièce est ma nièce, et « chacun est maître chez soi ».

LECOUVREUR. — N'oubliez pas non plus, petit père, que « la perdrix prend son vol au moment où on y pense le moins », et « tant va la cruche à l'eau qu'à la fin elle se casse ». En somme, père Lagloire, « à quelque chose malheur est bon ».

LAGLOIRE. — Non pas !... Bien que « belle fille et méchante robe trouvent toujours qui les accroche » et que « l'occasion fait le larron », « de la coupe aux lèvres il y a loin » ; en outre, « un homme prévenu en vaut deux ».

CHAMEAU, *à part*. — Ma foi, ils ont tout d' même ben raison tous les deux.

LECOUVREUR. — Je l'admets, mais vous ne devez pas ignorer que « femme éprise est capable de tout » et que, bien souvent, « ce qui n'arrive pas en un an peut venir en un jour » ; du reste, « il n'y a que le premier pas qui coûte ».

LAGLOIRE. — Bah ! « beau parleur, grand menteur », attendu que « faire et dire sont deux ».

LECOUVREUR. — Ayez présent, père Lagloire, que « les gens sans bruit sont dangereux ».

LAGLOIRE. — Tant que vous voudrez, mon bon ! mais « à l'impossible nul n'est tenu » et « qui tient l'anguille par la queue ne l'a pas ». Il ne vous reste donc plus qu'une chose : « à faire bon cœur contre mauvaise fortune ».

CHAMEAU, *à part*. — Eh ben, l'v'là remballé.

LECOUVREUR. — Vous vous en repentirez le premier, père Lagloire, car « on apprécie une chose que quand on l'a perdue » et vous n'ignorez pas que « l'occasion est chauve, il faut l'attraper par un cheveu ». Enfin, sachez que « qui aime bien jamais n'oublie ». Seulement vous, jamais n'avez aimé... que vos tiges de bottes, et « chacun mesure les autres à son aune » ; à ce compte-là, « le remède est pire que le mal ».

CHAMEAU, *à part*. — V'là qu'est ben répondu.

LAGLOIRE. — Vous vous trompez, mon bon ! « Le diable n'est pas aussi noir qu'on le fait », « Mieux vaut faire envie que pitié », et, en passant, je vous dirai que « la colère est mauvaise conseillère », car « homme en colère se conduit en aveugle ».

LECOUVREUR. — « Plus fait douceur que violence », je le sais ; néanmoins, rappelez-vous que « le moineau pris vaut mieux que l'oie qui vole ».

LAGLOIRE. — Bah !... Brisons là-dessus, mon bon ! et ne revenons pas sur ce qui vient d'être discuté ; après tout, « une hirondelle ne fait pas le printemps » et, d'ailleurs, nous savons tous que « le temps est un grand maître ».

LECOUVREUR. — Alors, père Lagloire, vous ne songez pas quand vous serez vieux, que « pauvres gens n'ont guère d'amis » ?

LAGLOIRE. — C'est vrai, mais « qui cesse d'être ami ne l'a jamais été ».

LECOUVREUR. — Enfin, je vois que vous n'avez jamais mis en pratique cette maxime : « ne fais pas aux autres ce que tu ne voudrais pas qu'on te fît ». Votre nièce m'aime, moi aussi je l'aime, et vous ne voulez pas que nous nous aimions.

CHAMEAU, *à part*. — C'est-à-dire qu'elle lui plut et qu' lui à elle lui a plu et qu'ils s'plumèrent.

LECOUVREUR. — Eh bien, papa Lagloire, « aux grands maux les grands remèdes » et, comme l'on dit : « fais ce que dois, advienne qui pourra ». Souvenez-vous que « à cœur vaillant rien d'impossible » !

LAGLOIRE. — Halte-là ! j'admire votre énergie, mon bon ! « Vouloir c'est pouvoir » et « rien ne réussit comme le succès ». Mariez-vous donc ; seulement, je vous préviens : « tout ce qui brille n'est pas or » et vous savez, « tout saint a sa fête, toute femme a sa tête » ; quant à moi, « je m'en lave les mains ». En attendant, je vous rappelle ce refrain : « Ne t'embarque ni te marie un mardi, si tu ne veux pas que le diable soit de la partie ».

LECOUVREUR. — Ah ! papa Lagloire, « qui joie sème, plaisir recueille » et quant au reste, « qui ne risque rien n'a rien » ; mais, d'un autre côté, « l'union fait la force ».

CHAMEAU, *à part*. — Le v'là qui dit un' blague... il n'a qu'à mettre de l'eau dans son vin et il verra ça.

LECOUVREUR, *à Chameau*. — C'est entendu, je me marie... et je compte sur toi pour être témoin.

CHAMEAU. — Oui, oui... j' n'abandonne jamais les amis... (*à part*) dans l' malheur surtout. (*A Lecouvreur.*) J' peux ben, maint'nant, t' donner un conseil d'ami, pisque la chose est bâclée ; après tout, « souvent on a besoin d'un pus p'tit que soi » ; d'ailleurs, « un fou avise ben un sage » et « un âne regarde ben un évêque ». Donc, lorsqu' tu seras avec ta femme, « n'allez pas vous promettre pus d' beurre qu' d' pain », car après « femme qui geint et poule qui pond font grand bruit à la maison ».

LECOUVREUR, *riant*. — Tu te dégourdis. (*A Lagloire.*) « Chose convenue, chose due ».

LAGLOIRE. — Parfaitement. « les bons comptes font les bons amis ».

LECOUVREUR, *tendant la main à Lagloire*. — Touchez là...

Scène III

LAGLOIRE, LECOUVREUR, CHAMEAU, LA FOULE, SOCIÉTÉS MUSICALE ET CHORALE, AUTORITÉS CIVILE ET MILITAIRE, CORPS DIPLOMATIQUE, MANDARINS.

On entend au loin une marche militaire qui se rapproche.

LAGLOIRE. — C'est la réunion qui revient de chez le consul de France.

CHAMEAU. — Eh ben ! v'là une musique qu'est chouette !

Il fait un entrechat et quelques pirouettes. Lecouvreur l'imite.

On voit bientôt arriver une foule de gens précédés du drapeau français, puis des bannières de plusieurs sociétés françaises chorales et musicales.

Les porte-drapeaux et la musique se placent debout près de l'estrade, pendant que les gens prennent place dans les loges.

Une fois la foule installée dans la salle spacieuse, la musique fait entendre les accords de la Marseillaise, et, au même instant, fait son entrée la Commission des fêtes, suivie des autorités civiles et militaires du corps diplomatique, et quelques mandarins, dans leur costume chinois, avec la traditionnelle tresse de cheveux pendante ; tous prennent place dans les fauteuils sur l'estrade.

A la seconde strophe, les sociétés chorales entonnent l'hymne national par un chœur à trois voix fort bien exécuté, et, arrivé au couplet de « Aux armes, citoyens, formez, etc... », toute la salle, avec un élan irrésistible, l'entonne, donnant une animation extraordinaire à cette réunion patriotique.

Pendant tout le temps que l'hymne national dure, toutes les personnes présentes sans exception l'entendent debout et tête nue.

Parmi les assistants, figurent M. Brianon et M. de Solange.

Brianon, en qualité de doyen d'âge de la collectivité française, est chargé par la Commission des fêtes de prendre la parole en cette occasion. Il s'exprime en ces termes :

BRIANON. — Monsieur le Ministre,

C'est avec la plus vive émotion que je viens aujourd'hui vous exprimer tout le respect et l'admiration qu'éprouve la colonie française de Pékin tout entière à l'occasion de notre fête nationale.

La plupart d'entre nous, appelés par les circonstances à vivre hors de notre patrie, nous sommes d'autant plus heureux et fiers de sentir qu'elle possède en vous le représentant de la France, une personne aussi digne et aussi justement estimée.

Messieurs,

L'anniversaire glorieux qu'aujourd'hui célèbre la France, que tous ses enfants et tout homme libre de la terre saluent, debout et chapeau bas, et que tous ceux qui aiment le progrès, le civisme et la liberté lui rendent un hommage d'admiration du fond de l'âme, est le premier vagissement de la démocratie et le premier pas fécond dans le sentier de la liberté humaine.

Cette date mémorable fut le prélude de la revendication des droits que l'homme apporte en naissant, ce don de Dieu usurpé peu à peu par quelques privilégiés de castes qui s'intitulaient les arbitres des destinées des héritiers. Elle fut le cri lancé par le peuple qui ne se croyait pas inférieur aux classes qui se plaçaient à un rang inaccessible après avoir usurpé le pouvoir, s'être octroyé les ressources du peuple, l'orgueil du sang et de leurs ascendants, l'impunité de leurs délits. Elle fut l'irruption du torrent enclavé, durant des siècles, entre

les digues du despotisme, de la colère du peuple opprimé par trois pouvoirs qui l'assujettissaient. Elle fut le commencement d'une nouvelle époque, où le despotisme fut blessé à mort, où l'Europe entière, puis tout le monde civilisé apprirent à revendiquer ce qu'aucun homme ne peut contester à son semblable. Elle fut la journée mémorable de la destruction de la Bastille, commencement de la conquête des droits du peuple français et de la destruction des privilèges de castes et de ce qui se restait du féodalisme.

Cette foule qui s'élance et prend la Bastille est tout un symbole auguste. Dans ses palpitations colossales et ses agitations fébriles, sont renfermés de longs siècles d'inclémence et d'infortunes.

Que voit-on autour de cette étrange lueur d'incendie qu'illumine la Bastille ? Une foule, l'éternelle foule des affamés de la justice : les opprimés de tous les siècles apparaissent armant dans ce moment le bras vengeur des colères populaires, et, sur ces piques, sur ces hommes amaigris et sur ces femmes échevelées, flottent les brises du Sinaï et les conjurations du Calvaire...

Ce tremblement social renversa les prérogatives séculaires, fit vaciller les institutions et fut un moment dans l'âme de l'humanité. Sa genèse est immense et apparaît dans la légende d'Abel et Caïn, et à l'époque lointaine du paradis terrestre. Après, il continue, s'agitant dans la douleur des faibles, dans le désespoir des vaincus, dans les troupeaux tributaires et subjugués, dans le licol et la chaîne, dans le gibet et le bûcher, dans les esclaves de tous les temps et dans les parias de toutes les époques. C'est la condensation d'un amas d'idéals et d'un amas de douleurs dans ce duel sanglant de la Bastille !

Cette date universelle est de tous les peuples et peut trouver un refuge dans tous les cœurs. Ce n'est pas la république contre la monarchie, ni la haine au roi, ni à la reine. C'est quelque chose de plus saillant, quelque chose de plus ample, de plus universel. C'est le choc des idées modernes contre les vieilles, c'est le choc de la liberté contre la tyrannie, du droit commun contre le grand seigneur qui se l'attribuait, du gouvernement de tous contre le gouvernement arbitraire de quelques-uns.

Là, des applaudissements prolongés se font entendre dans toute la salle.

BRIANON. — Il est vrai que la Révolution française se baigna dans des flots de sang et que ce sang fut versé, en maintes circonstances, sans raison et par pures aberrations. Mais aussi est-il possible de faire l'amputation de membres gangrenés sans répandre du sang ? Était-il humainement possible de l'empêcher, dans ce terrible moment, où les passions déchaînées s'entre-choquaient ? Et, comme les Furies mythologiques, qui, souvent, fustigeaient un droit au nom du droit même, comme elles outrageaient la liberté au nom de la liberté même. Nous pourrions dire encore, comme un état géologique, une période de transition et, par conséquent, sujet aux irruptions, aux secousses, aux spectacles effrayants et grandioses en même temps, de laves ignées qui détruisent sans pitié le terrain fertile pour être embelli de nouveau par la nature.

Malgré les erreurs commises et l'aveuglement de la multitude poussée par la nécessité urgente de la vie pour sa propre conservation, la Révolution française fut néanmoins l'aurore de la liberté de toute l'Europe, le souffle de liberté qui fit germer les républiques américaines, l'école où les peuples opprimés apprirent à revendiquer leur indépendance, leur liberté, car, avant elle, personne n'osait lutter avec les castes supérieures de la société protégée par d'anciens privilèges et des coutumes séculaires ; après, le peuple acquit la conscience de son pouvoir, de ses droits, de la place qu'il occupe dans la société, de la mission qui lui est destinée dans le monde, de sa condition, de ses vertus, de l'emploi de ses forces, de ses énergies physiques et morales ; et, enfin, une nouvelle ère de liberté, de fraternité et d'égalité brilla dans l'horizon politique, social et religieux qui fut le guide de la vie et du progrès des peuples modernes.

C'est cet idéal qui prépara le chemin de l'émancipation à l'âme du peuple français, maintenant bien enraciné dans son intelligence et dans son cœur.

Des applaudissements se font de nouveau entendre.

Briançon. — De ce nouvel esprit naquirent toutes nos conquêtes, nos libertés, nos droits: et si les liens de fraternité et d'égalité entre les hommes sont encore, aujourd'hui, une fallacieuse utopie, on ne peut cependant nier l'immense progrès réalisé.

Pour toutes ces raisons, messieurs, cet anniversaire glorieux sera toujours d'une actualité palpitante tant qu'il existera des opprimés et tant qu'on entendra le claquement du fouet des dominateurs, jusqu'à ce que l'œuvre commencée soit terminée.

Aujourd'hui dans des millions de foyers, les strophes libératrices, viriles et cadencées de la *Marseillaise* sont répétées avec une profonde et intime ferveur.

Faisons donc retentir de nouveau ces échos de « Vive la fraternité! Vive la République! Vive la France! »

Après ce discours, couvert d'applaudissements, tous les assistants répètent les cris de: « Vive la fraternité! Vive la République! Vive la France! »

Ensuite, M. le ministre prend la parole et remercie au nom de la France les assistants dans les termes suivants:

Le Ministre. — Messieurs,

Je suis très touché des sentiments de bienveillance que M. Briançon vient d'exprimer en votre nom, et quant à votre attachement profond que vous avez tous pour la France, je ne l'ignore point. Je sais aussi comment vous la servez sur la terre étrangère et combien vous savez tenir bien haut le nom français par vos qualités caractéristiques, qui sont: la probité dans les relations, la courtoisie envers le pays où vous avez fixé votre résidence.

Persévérez donc toujours, messieurs, dans vos sentiments et restez fidèles à ses nobles principes.

Veuillez croire aussi que c'est toujours avec le plus grand plaisir que je vois arriver cet anniversaire glorieux de notre fête nationale, qui me procure chaque fois l'intime satisfaction de voir réunie la colonie française et pouvoir fraterniser de plus près avec vous tous.

Je remercie bien sincèrement les membres des colonies suisse et belge, ainsi que les représentants des autres nations amies qui ont eu l'amabilité de prêter leur concours et de rehausser ainsi, par leur présence, notre fête nationale.

Je suis heureux de constater, encore une fois, que la France justifie toujours dans le monde entier la réputation qui lui a valu cette belle parole: « Tout homme libre a deux patries, la sienne et la France ».

Cette courte, mais patriotique harangue est couverte d'applaudissements.

La musique exécute ensuite avec beaucoup de précision une valse brillante suivie d'un chœur à trois parties, chanté par les sociétés chorales qui est très remarqué.

Après la réception officielle, l'estrade est immédiatement retirée et les chaises et les fauteuils placés autour de la salle. Alors, commence la série des distractions que la Commission des fêtes a organisées.

Scène IV

BALLET DE DANSEUSES CHINOISES, JAPONAISES, TONKINOISES, JAVANAISES, CONGOLAISES, DANSEUSES DE L'OPERA DE PARIS.

Tout à coup, fait irruption dans la salle, comme un essaim de papillons aux brillantes couleurs, une troupe choisie de mignonnes danseuses chinoises qui viennent exécuter un ballet représentant des danses de leur pays; ce ballet terminé, arrive une autre troupe de gracieuses Japonaises, puis des Tonkinoises, des Javanaises, des Congolaises et enfin, le « clou » est le ballet des danseuses de l'Opéra de Paris, de passage à Pékin.

Rideau